최상근기를 위한

사서삼경 선해(禪解)

최상근기를 위한
사서삼경 선해(禪解)

大學之道 在明明德

在親民 在止於至善

좋은땅

. . . .
프롤로그

사서삼경은 동양 5천 년 지혜의 보고입니다. 그 가운데서도 대학, 중용, 논어, 맹자 등 사서(四書)는 유학(儒學)의 근간이 되는 가르침들을 총망라하고 있습니다.

이 책의 특징을 한마디로 표현한다면, 사서의 핵심을 압축-요약하고 총정리한 제왕학(帝王學)이라고 할 수 있습니다. 이때 제왕이라고 해서 타인들 위에 군림하면서, 그들을 지배하는 자를 의미하는 것은 아닙니다.

온갖 욕심과 욕망에 얼룩진 채, 자기 자신의 내면 깊숙이 똬리를 틀고 앉아 있는 기억뭉치 즉, 습관 덩어리인 업식의 '나'를 극복한 자가 이 책이 말하고자 하는 진정한 의미의 제왕입니다.

결국 이 세상에서 가장 이기기 어려운 자기 자신을 이긴 제왕이 바로 극기복례(克己復禮) 즉, '나'를 이기고 예(禮)로 돌아간 군자(君子)며

21세기를 이끌어 갈 진정한 리더임을 알 수 있습니다.

대학(大學)을 통해, 하늘이 명한 내면의 신령스런 본성품인 명덕(明德)을 밝힌 뒤, 주변의 모든 인연들 또한 명덕(明德)을 밝힐 수 있도록 손잡고 함께 걸어가는 친민(親民)의 삶을 살아가게 될 것입니다.

중용을 통해, 대학의 6단계 수행법인 지정정안려득(止定靜安慮得)의 핵심이라고 할 수 있는 유학의 최고 심법(心法)인 신독(愼獨)이 무엇이며 어떻게 실천궁행할 수 있는지를 증득하게 될 것입니다.

논어와 맹자를 통해선, 내면의 신령스런 본성품인 명덕(明德)을 밝힘으로써 업식의 '나'를 이기고 예(禮)로 돌아간 공자님과 맹자님이 어떻게 세상을 바라보면서 일상의 삶을 살아가셨는지를 확인하고 체득함으로써, 21세기를 이끌어 갈 리더로 우뚝 서게 될 것입니다.

이 책《사서삼경 선해》와 인연 닿는 모든 분들께서 하늘이 명한 하늘의 뜻이자 하늘의 생명인 성(性) 즉, 내면의 밝은 성품인 명덕(明德)을 밝히고 군자(君子)로 거듭나시길 바랍니다. 군자가 되어 지나치거나 모자람이 없는 중(中)의 마음으로 매 순간 인의예지(仁義禮智) 사단을 널리 펼침으로써 모두가 다 함께 살기 좋은 행복한 대동사회(大同社會)가 이룩되기를 간절히 서원합니다.

목차

제3부 논어(論語)

제1장 / 논어의 대의 **120**

제2장 / 공자님의 법향(法香) **128**

제4부 **맹자**(孟子)

제1장 / 맹자의 대의 **238**

제2장 / 맹자님의 법향(法香) **243**

제1부

대학
(大學)

대학을 읽기 전에

대학(大學)은 논어, 맹자, 중용과 함께 사서(四書)의 하나면서도, 유교의 모든 것이며, 전부라고 할 수 있다. 유학의 시작과 끝을 아우르며, 유학의 모든 가르침을 총섭(總攝)하고 있기 때문이다. 이 같은 맥락에서 대부분의 유학자들은 "대학을 통해 유학의 큰 줄기를 확립하고 논어 맹자 등을 읽으면 쉽게 이해할 수 있다."라고 밝히고 있다. 논어와 맹자가 각각의 상황에 따라 문답한 것이라면, 대학은 앞뒤가 서로 연결되고 상통되는 일관된 체계를 갖추고 있기 때문이다.

대학(大學)은 본래 예기(禮記) 49편 가운데 42편이었으며, 저자에 대한 정설(定說)은 없다. 대학이 유학의 핵심 경서인 사서삼경(四書三經)의 하나가 될 수 있었던 것은 주자(朱子)가 예기 42편을 경문(經文) 1장과 전문(傳文) 10장으로 재구성해 '사서집주'에 포함시키면서부터다. 물론 주자 이전에 사마광(司馬光)이 예기 42편을 예기에서 분리하여 '대학광의(大學廣義)'를 짓고, 이정자(二程子, 정명도 정이천 두 형제)가 '대학정본(大學定本)'을 저술한 바 있다. 이 책에선 대학의 핵심(核心)이자 골수(骨髓)인 경문 부분만 살펴본다.

－ 全文 －

大學之道 在**明明德** 在**親民** 在**止於至善**

知止而後有定 定而後能靜 靜而後能安
安而後能慮 慮而後能得

物有本末 事有終始 知所先後 則近道矣

古之欲明明德 於天下者 先**治其國**
欲治其國者 先**齊其家** 欲齊其家者 先**修其身**
欲修其身者 先**正其心** 欲正其心者 先**誠其意**
欲誠其意者 先**致其知** 致知在**格物**

物格而後知至 知至而後意誠 意誠而後心正 心正而後身修 身修而後家齊
家齊而後國治 國治而後天下平

自天子 以至於庶人 壹是皆以修身為本

其本亂 而末治者 否矣
其所厚者 薄 而其所薄者 厚 未之有也

15

제1장. 대학의 3대 강령

大學之道

在明明德 在親民 在止於至善

대학의 도는

밝은 덕을 밝히고,

만백성과 하나가 되고,

지극한 선에 머무는 것이다.

1. 대학지도(大學之道)

대학(大學)은 앞서 밝혔듯이 예기 49편 가운데 42편에 해당되며, 大學之道(대학지도)로 시작됩니다. 대학지도란 '대학이라는 책이 말하고자 하는 도'라는 의미로 이해할 수도 있습니다. 그러나 대학이 예기의 한 부분이었음을 고려한다면, 단순히 한 권의 책을 지칭하는 고유명사로 볼 필요는 없습니다. 이 같은 맥락에서 대학지도란 '큰 학문의 도', '절대적인 큼을 크게 배우고 따름으로써 그 큼과 하나 되는 큰 학문의 길'이라는 의미로 풀이할 수 있습니다. 대(大)란 무엇이고, 대(大)를 배운다는 것은 무엇이며, 왜 도(道)라고 했는지에 대해 살펴보겠습니다.

1) 대(大)

大(대)는 '크다' '넓다' '두루 하다'는 의미입니다. 크고 넓고 두루 하다는 것은 어떤 것과 비교한 뒤, 상대적으로 크고 넓고 두루 하다는 말이 아닙니다. 시간과 공간이 영속(永續)하며 무한대로 펼쳐짐에 따른 절대적인 큼과 넓음, 그리고 두루 함을 말하는 것입니다.

'대'는 비교할 대상이 없는 오직 '하나'로서 온통이고 전부인 까닭에 크고 넓어서 미치지 않는 곳이 없다는 의미의 '훈', '하나', '한울', '하늘', '도'(道), '마음'과 다르지 않습니다. 오직 하나이기 때문에 무한소(無限小)와 무한대(無限大)를 모두 아우르며 무시무종(無始無終 시작도 없고 끝도 없다)하고 무소부재(無所不在 없는 곳이 없다)한 것이 바로 대(大)입니다.

(1) 천부경의 대(大)

우주의 성주괴공(成住壞空) 및 일체 만물이 생성소멸(生成消滅)하는 비밀을 밝히고 있는 우리 백두산족의 최고 경전인 천부경(天符經)은 대(大)를 일(一) 즉, 우주만유를 존재케 한 근원자인 '하나'로 표현하고 있습니다.

一始無始一(일시무시일) 析三極(석삼극) 無盡本(무진본)
天一一(천일일) 地一二(지일이) 人一三(인일삼)

하나는 비롯됨 없이 비롯된 하나로서, 셋으로 나눠지나 그 근본은 다함이 없다. 하늘이 하나의 첫 번째고, 땅이 하나의 두 번째며, 사람이 하나의 세 번째이다.

(2) 삼일신고의 대(大)

환웅천제께서 오늘날의 수상격인 원보 팽우에게 전수하셨다는 총

366자의 삼일신고! 천지인(天地人) 삼재를 하나로 꿰서 우주 변화의 원리와 세상을 경영하는 묘리를 밝혀 논 우리 민족의 경전인 삼일신고는 대(大)를 천(天) 즉, '하늘'로 지칭하며 첫 가르침인 천훈(天訓)을 설하고 있습니다.

帝曰(제왈) 元輔彭羽(원보팽우) 蒼蒼非天(창창비천) 玄玄非天(현현비천) 天无形質(천무형질) 無端倪(무단예) 无上下四方(무상하사방) 虛虛空空(허허공공) 无不在(무부재) 无不容(무불용)

환웅천제께서 말씀하시길, 원보 팽우야! 저 푸른 것이 하늘 아니며, 저 가물가물한 것이 하늘 아니니라. 한울은 형체도 바탕도 없고, 시작도 끝도 없으며, 위아래 사방도 없고, 겉도 속도 다 텅 비었고, 어디나 있지 않은 데가 없으며, 무엇이나 싸지 않은 것이 없느니라.

(3) 도덕경의 대(大)

'오직 하나인' 이것과 저것으로 나눠지지 않는 '흔' '하늘' 등의 의미를 내포하는 '절대적인 큼'인 '대'(大)를 도덕경은 25장에서 다음과 같이 밝히고 있습니다.

有物混成(유물혼성) 先天地生(선천지생) 寂兮寥兮(적혜요혜) 獨立不改(독립불개) 周行而不殆(주행이불태) 可以爲天下母(가이위천하

모) 吾不知其名(오부지기명) 字之曰道(자지왈도) 强爲之名曰大(강위
지명왈대)

한 물건이 있으니 하늘과 땅보다 먼저 생겨났다. 그것은 소리도 없
고 형체도 없이 텅 비어 공(空)한데, 그 무엇에도 의존함 없이 홀로 우
뚝 서서 여여(如如)하고, 없는 곳이 없이 두루 펼쳐져 있는데도 위태
롭지 않다. 나는 그 이름을 알지 못하나 그것의 자(字)를 도(道)라 하
고 억지로 이름을 붙인다면 대(大)라고 할 것이다.

(4) 달마 혈맥론(血脈論)의 대(大)
선가(禪家)의 초조(初祖)이신 달마대사(達磨大師)께서는 혈맥론을 통
해 '대'(大)인 '하늘'이 곧 '심'(心) 즉, 마음임을 천명함으로써, 사람은
누구나 도(道)를 닦아 본래부터 대(大)인 하늘과 둘 아님을 증득(證得)
하고 합일(合一)하는 길을 밝혀 놓으셨습니다.

心心心難可心(심심심난가심)
寬時遍法界 窄也不容針(관시편법계 착야불용침)

마음이라고 마음 하는 마음이여! 가히 찾기 어렵구나.
넓을 때는 법계를 뒤덮고, 좁기로는 바늘 끝도 용납지 않네.

휴휴암(休休庵) 좌선문의 "크기로는 바깥이 없는 데까지 포함하고 작기로는 안이 없는 데까지 들어간다."라는 대포무외(大包無外) 세입무내(細入無內) 또한 대(大)의 의미를 확연히 드러낸 가르침입니다.

(5) 중용(中庸)의 대(大)

대학과 함께 사서의 하나인 중용은 대(大)를 다음과 같이 말하고 있습니다.

天命之謂性(천성지위성) **率性之謂道**(솔성지위도)

하늘이 명(命)한 것을 성(性)이라 하고, 그 성(性)을 따르는 것을 도(道)라고 한다.

중용은 대(大)를 천(天)으로, 그리고 그 대(大)가 하늘의 명(命)에 따라 사람에게 온전히 내재돼 있는 것이 성(性)이고, 그 성(性)을 따르는 것이 도(道)라고 말하고 있습니다.

(6) 천도교(天道教)의 대(大)

동학(東學)의 교조이신 수운 최제우(崔濟愚) 대신사께서는 한울님으로부터 '오심즉여심'(吾心卽汝心 내 마음이 곧 네 마음)이란 말씀을 전해 듣고, '천심즉인심'(天心卽人心 하늘의 마음이 곧 사람의 마음) '인심즉천심'(人

心卽天心 사람의 마음이 곧 하늘의 마음)의 가르침을 선포하신 바 있습니다. 이는 중용의 천명지위성(天命之謂性)과 다르지 않습니다. 동학의 2세 교주이신 해월 최시형(崔時亨) 신사께서는 사인여천(事人如天 사람을 하늘처럼 섬겨라)을, 민족 33인의 대표며 동학을 천도교(天道敎)로 개칭하신 3세 교주 손병희 선생께서는 사람이 곧 하늘이라는 인내천(人乃天)을 설하신 바 있습니다.

(7) 모든 사람이 대(大)의 나툼

'대'(大)란 무엇인가 인식 가능한 대상을 설명하고 지시하기 위한 단순 형용사 내지 지시대명사가 될 수 없습니다. **'대'는** 그 자체로 어느 것 하나 배제함 없이 모든 것을 포함하는 절대적인 큼, 오직 하나뿐인 불이(不二)의 세계입니다. 시공을 초월한 오직 **'하나'**가 바로 '대'이며, 이 글을 읽고 있는 **'그것'**이 바로 시공을 초월해 있는 오직 **'하나'**뿐인 존재, 곧 **무시무종(無始無終)하고 무소부재(無所不在)하며 전지전능(全知全能)한 '대'**입니다. 모든 사람이 무시무종(無始無終)하고 무소부재(無所不在)하며 전지전능(全知全能)한 **'대'**임을 깨닫고 증득함 없이 증득해 마치도록 하는 것이 바로 '대학의 도'며 존재 이유입니다.

2) 대학(大學)

대학(大學)은 앞서 살펴본 것처럼 '오직 하나'며 '절대적 큼'인 대(大)를 크게 배우는, 큰 학문을 말합니다. '절대적인 큼을 크게 배우는 큰 학문'이란 것은, 대(大)에 대한 이런저런 개념을 이해하고, 대(大)와 관련된 온갖 지식들을 배우고 기억하는 것이 아닙니다. 태어나서 죽을 때까지, 매 순간 인연 닿는 모든 것들을 통해 '배우되 배우는 바 없이 배우는 것'이 절대적인 큼을 크게 배우는 큰 학문 즉, 대학(大學)입니다. 따라서 타인을 가르칠 때도 '절대적인 큼을 배우는 바 없이 크게 배우는 것입니다. 태어나서 죽는 순간까지의 모든 삶의 과정이 절대적인 큼을 배우는 대학에 다름 아닙니다. 그리고 끝내 자기 자신이 본래부터 '오직 하나'며 '절대적 큼'인 '대'(大)란 사실을 자내증하고, '대'(大)인 '하늘'과 온전히 합일(合一)함으로써 둘이 아니게 되는 것이 대학(大學)의 궁극이며 핵심입니다. 이 같은 까닭에 대학(大學)에 도(道)라는 글자를 붙일 수 있으며, 대학(大學)의 도(道)라는 말도 성립되는 것입니다.

3) 대학지도(大學之道)

대학지도(大學之道)는 '절대적인 큼'을 배우되 배우는 바 없이 배우는 방법, 또는 큰 학문의 이치 및 길 등으로 풀이할 수 있습니다. 대학지도(大學之道)라고 할 때의 도(道)를, 우주 만물의 근원자적 존재를 의미하는 고유명사로 극한시킬 필요는 없습니다. 도(道)를 길, 방법, 이치 등으로 해석해도 의미가 통하긴 마찬가지이기 때문입니다. '절대적인 큼을, 크게 배우는, 큰 학문'에 달통(達通)함으로써, 자기 자신이 '오직 하나'며 '절대적 큼'인 '대'(大)라는 사실을 깨닫고 '대'(大)인

'하늘'과 온전히 합일(合一)하기 위해선 세 가지 길을 지나가야 합니다.

첫 번째 길은, 밝은 덕을 밝히는 명명덕(明明德)입니다. 두 번째 길은 자기 자신뿐만 아니라, 모든 사람들이 밝은 덕을 밝힐 수 있도록 홍익인간(弘益人間)의 보살행을 실천하는 친민(親民)입니다. 세 번째 길은 자각각타(自覺覺他 자신이 깨달음을 얻고 타인도 깨달음으로 이끔)의 친민(親民)을 통해 모든 사람이 지극한 선의 자리에 머무는 '지어지선'(止於至善) 즉, 모두가 더불어 행복한 삶을 누리는 열반적정(涅槃寂靜)의 대동사회(大同社會)를 이룩하는 것입니다.

결국 대학의 도란 자신의 내면에 깃들어 있는 불성(佛性), 성령의 빛, 하늘이 명한 성(性), 도(道) 등으로 불리고 있는 '밝은 덕'을 밝힌 뒤, 자각각타(自覺覺他)의 친민(親民)을 통해 하늘의 이치에 따라, 한 울타리 안에서, 한 살림을 영위하는 지상낙원(地上樂園)을 건설하는 것입니다. 누구나 발 딛고 서 있는 **'지금 여기'**에서 즉시 영생(永生)의 하늘나라를, 열반적정의 극락을 누리는 것, 그것이 바로 대학(大學)의 도(道)인 3대 강령입니다.

2. 명명덕(明明德)

재명명덕(在明明德)은 대학의 3대 강령 중 첫 번째로 '밝은 덕'을 밝힌다는 말입니다. 밝힌다는 것은 어떤 의미이고, '밝은 덕'이란 무엇일까요? 명(明)과 명덕(明德), 그리고 명명덕(明明德)으로 나눠서 살펴보겠습니다.

1) 명(明)

명(明)은 밝힌다는 말입니다. 들뜨고, 흐트러지고, 탁하고, 어두운 마음을 가라앉히고, 모으고, 맑히고, 밝히는 것을 총칭하는 말이 바로 명(明)입니다. 거울에 낀 먼지를 털고 얼룩을 닦듯이, 우리의 몸과 마음에 낀 온갖 먼지와 얼룩을 털어 내고 닦음으로써 몸과 마음을 건강하고 편안하게 하는 행위 즉, 모든 심신 수행을 통칭하는 말이 명(明)입니다.

2) 명덕(明德)

명덕(明德) 즉, '밝은 덕'이란 무엇일까요? 우리 모두의 내면에 신령스럽게 깃들어 있는 '한마음'이 곧 '밝은 덕'입니다. 앞서 밝힌 바 있는 온 우주에 두루 한 절대적인 큼인 '대'(大)가 밝은 덕입니다.

불교에서 말하는 우주 삼라만상의 본체(本體)인 비로자나 부처님 또한 명덕(明德)과 다르지 않습니다. 비로자나불을 대일여래(大日如來 큰 태양 같은 부처님), 또는 변조여래(遍照如來 두루 비추는 부처님)라고 칭하는 것도 이 같은 까닭입니다. 무시무종(無始無終)하고 무소부재(無所不在)하며 전지전능(全知全能)한 혼, **하나, 한울, 하느님, 道(도), 天(천), 性(성), 佛性(불성), 心(심), 本心(본심)** 등이 명덕(明德)을 지칭하는 말입니다.

보조지눌(普照知訥, 1158~1210) 선사(禪師)께서는 우리 마음속에 내재해 있는 하늘의 신령스런 영지(靈知) 즉, 명덕(明德)에 대해 다음과 같이 말씀하신 바 있습니다.

諸法皆空之處(제법개공지처) **靈知不昧**(영지불매) **不同無情**(부동무정)
性自神解(성자신해) **此是汝**(차시여) **淸淨心體**(청정심체)

일체의 대상 경계가 모두 텅 빈 곳에 신령스런 앎이 어둡지 않아서 무정물과 같지 않다. 성품이 스스로 불가사의하게 안다. 이것이 맑고 깨끗한 마음의 본체다.

이 밖에도 하늘의 신령스러움을 온전히 갈무리 하고 있는 우리의 본심(本心) 즉, 명덕(明德)의 특징을 잘 드러내고 있는 적적성성(寂寂

惺惺 고요하면서도 또렷또렷함), 공적영지(空寂靈知 텅 비어 고요하면서도 신령스럽게 앎), 허령지각(虛靈知覺 텅 비어 신령스럽게 지각함), 사려미맹 지각불매(思慮未萌 知覺不昧 생각이 싹트지 않았음에도 지각함이 전혀 어둡지 않음) 등의 가르침이 있습니다. 맹자(孟子)님께서 말씀하신 배우지 않고 깊이 생각하지 않아도 잘 알고, 잘할 수 있다는 양지양능(良知良能)도 명덕(明德)에 대한 가르침입니다.

3) 명명덕(明明德)

명명덕(明明德)은 우리 내면에 깃들어 있는 신령스런 하늘의 성품인 명덕을 밝힌다는 말입니다. 이미 밝은 명덕을 다시 밝히는 것은 어떤 까닭일까요? 비유하자면, 태양을 뒤덮고 있는 구름을 걷어 내는 것을 명덕을 밝힌다고 하는 것입니다. 이미 밝은 태양 자체를 밝히는 것이 아니라, 단지 밝은 태양을 뒤덮고 있는 먹구름을 걷어 냄으로써, 본래부터 밝은 태양이 세상을 환하게 비추도록 하는 것을 밝은 덕을 밝히는 명명덕(明明德)이라고 한 것입니다. 앞에서 명과 명덕으로 나누어 자세히 살펴보았기 때문에 명명덕에 대한 더 이상의 부연 설명은 생략하겠습니다. 그 대신에 천손민족(天孫民族)인 우리 백두산족의 최고 경전인 천부경을 비롯해, 삼일신고와 환단고기의 명명덕(明明德) 및 불교와 기독교에서 말하는 명명덕(明明德)에 대해 살펴보겠습니다.

(1) 천부경의 명명덕(明明德)

우주가 성주괴공(成住壞空)하는 비밀을 낱낱이 드러내고 있는 천부경은 그 말미에 다음과 같은 가르침을 통해 명덕(明德)을 밝히는 지름길을 제시하고 있습니다.

本心本太陽昻明(본심본태양앙명) 人中天地一(인중천지일)

사람의 본마음은 태양을 근본으로 삼아 높고 밝다. 사람 가운데 하늘과 땅이 온전한 조화를 이룬 채 음양화평(陰陽和平)을 이루고 있다.

사람의 본마음은 그대로 천심(天心)인 까닭에 태양처럼 높고 밝습니다. 사람 속에는 천지의 이치가 그대로 간직돼 있습니다. 하늘의 신령한 기운을 받아서 정신이, 땅의 기운을 받아서 오장육부와 근골혈육피모(筋骨血肉皮毛)가 생겨났기 때문에 인간은 곧 소우주입니다. 따라서 내면의 신령스런 본심(本心)과 천지운행(天地運行)을 거스르지 않는 것이 바로 명명덕(明明德)입니다. 무엇인가 목표 및 목적을 정해 놓고, 그 목표 및 목적을 달성하기 위해 작위적으로 애쓰는 '나'를 고집함 없이, 하늘을 따르고 끝내 하늘과 합일(合一)함으로써 둘이 아니게 되는 것이 명명덕(明明德)입니다.

(2) 삼일신고 및 환단고기의 명명덕(明明德)

환웅천제의 가르침인 삼일신고는 다음과 같은 가르침으로 명명덕(明明德)을 강조하고 있습니다.

一意化行(일의화행) 返妄卽眞(반망즉진)
發大神機(발대신기) 性通功完(성통공완)

한뜻을 행하고, 거짓을 되돌려 즉시 참이 되도록 한다. 크게 신령한 기틀로 발동되고, 성(性)에 통달하여 공을 완성한다.

온갖 욕심과 욕망으로 분열된 마음이 하늘의 뜻인 일심(一心)의 한 마음이 됨으로써 모든 거짓을 버리고 즉시 참으로 거듭나는 것, 절대적인 큼인 신령스런 기틀로 발동됨으로써 성(性)에 통달하여 공을 완성하는 것이 바로 삼일신고의 명명덕(明明德)임을 알 수 있습니다.

환단고기 또한 소도경전본훈(蘇塗經典本訓)을 통해 명명덕(明明德)이 무엇인지를 명료하게 드러내고 있습니다.

一神降衷(일신강충) 性通光明(성통광명)
在世理化(재세이화) 弘益人間(홍익인간)

하늘의 신령스러움이 마음속에 강림해 있으니, 성품은 광명에 통해 있다.

세상에서 하늘의 이치로 교화함으로써 널리 인간을 유익하게 한다.

위에서 소개한 환단고기의 소도경전 본훈의 말씀들도 내면에 이미 갖춰져 있는 하늘이 명한 성(性)에 통달함으로써 우리의 본심(本心)인 명덕(明德)을 밝히라고 역설하고 있습니다. 재세이화 홍익인간은 환인천제께서 환웅에게 전하신 심법(心法)으로 대학의 두세 번째 강령인 친민(親民)과 지어지선(止於至善)에 버금가는 가르침입니다. 그리고 홍익인간은 모든 사람들이 명덕(明德)을 밝혀 성통공완(性通功完)토록 하는 불교의 자각각타(自覺覺他)와 다르지 않습니다.

(3) 불교 및 기독교의 명명덕(明明德)

불교의 명명덕(明明德)은 견성성불(見性成佛)입니다. 우리 내면에서 밝게 빛나고 있는 반야지혜 즉, 하늘이 명한 적적성성(寂寂惺惺 고요하면서도 또렷또렷함)하고 공적영지(空寂靈知 텅 비어 신령스럽게 지각함)한 성품을 봄으로써 깨달음을 이룬다는 말입니다. 성품을 본다는 것은 무엇인가 신령스런 빛을 본다거나, 신비한 체험을 하는 것을 말함이 아닙니다. 탐진치(貪嗔癡) 삼독(三毒)에 물들어 반야의 빛이 흐려진 성품 즉, 무명(無明)의 업식(業識)이 고정불변의 실체가 아닌 허깨비임을 깨닫고 즉시 업식(業識)에서 벗어남으로써 본성품인 불성(佛性)을 회복하는 것이 견성(見性)이고 성불(成佛)입니다. 말로써 표현하다 보니

견성이고 성불일 뿐, 밝은 덕을 다시 밝히는 대학의 명명덕(明明德)처럼, 실참실오(實參實悟)를 통해 일체의 업식(業識)에서 벗어남으로써, 본래부터 성불(成佛)해 있음을 자내증(自內證)하는 것이 불교 수행의 핵심이며 궁극입니다.

자신의 내면에 신령스런 반야의 성품이 깃들어 있다는 알음알이를 접한 뒤, 그 같은 견해를 철석같이 믿고 그렇게 생각한다고 해서 달라질 것은 아무것도 없습니다. 매 순간 본심을 어지럽히는 무명의 업식(業識)을 말끔히 녹이고, 그 업식에서 온전히 벗어나야 합니다. 그렇지 않다면, 아무리 자신이 이미 부처이고 불성이란 것은 더렵혀지거나 어두워지지 않는다는 견해를 고집해 봐도 아무 소용이 없습니다. 주린 배를 움켜쥔 채 밤새워 음식 이야기를 해도 배고픔이 해소되지 않는 것과 같습니다. 오직 실참실오를 통해, 무상(無常) 무아(無我)를 깨닫고 한순간도 새지 않는 무루지(無漏智)를 증득(證得)해야 합니다. 달리 표현하면 업식(業識)의 '나'에서 벗어나 본심(本心)인 불성(佛性)을, 반야의 빛을 증득함 없이 증득해야 합니다. 불성과 반야의 빛과 둘이 아니게 됨으로써 알려고 해도 알 수 없고, 모르려고 해도 모를 수 없는 가운데 천상천하유아독존(天上天下唯我獨尊)하는 것을 굳이 말로 표현한 것이 견성성불(見性成佛)일 뿐입니다. 하늘의 영지(靈智)가 깃든 우리의 본마음 외에, 달리 보아야 할 성품이 있고 이뤄야 할 부처가 있다고 생각한다면 천만 미륵부처님이 하생(下生)한다고 해도 견성성불(見性成佛)은 요원할 것입니다.

　기독교의 명명덕(明明德)은 '심령이 가난한 자'로 거듭나는 것입니다. 매 순간 스스로를 부인하고 자신의 십자가를 짊어짐으로써, 모든 주견을 비워 내고 하느님의 독생자가 되어 성령의 도구로 온전히 쓰이는 것입니다. 자신의 욕심과 욕망을 충족시키기 위해 하느님을, 성령을 도구로 쓰는 것이 아닙니다. 하늘의 뜻인 성령의 역사하심의 도구로 온전히 쓰일 수 있도록, 기도 등을 통해 자신의 모든 주견을 깨끗하게 비워 내는 것이 바로 기독교의 명명덕(明明德)입니다. 이 같은 맥락에서 예수님께서는 "내가 이제 모든 집을 허물리라. 그러면 누구도 다시는 집을 짓지 못할 것."이라는 말씀을 통해 욕심과 욕망에 찌든 업식(業識)의 거짓 '나'가 집착하는 일체의 주견을 비워 내는 것이 기독교 신앙의 핵심임을 강조하신 바 있습니다.

　석가모니 부처님께서도 보리수 아래서 새벽 별을 보시고 성도(成道)하신 후, 오도송을 통해 모든 업식(業識)을 뿌리째 뽑아내셨기 때문에 더 이상 갈애를 일으키며 업을 짓는 일이 없을 것이라며 깨달음의 법열을 노래하신 바 있습니다. 다음에 소개하는 시가 바로 석가모니 부처님의 오도송입니다.

***

집짓는 자여!
그대는 드러났도다.

이제 다시는
집을 짓지 못하리라.

기둥은 부러졌고
서까래는 무너져 내렸다.

모든 갈애(渴愛)가 사라졌으니
더 이상 업(業) 짓는 일은 없으리라.

- 석가모니 부처님 -

3. 친민(親民)

'친민'(在親民)은 '명명덕'(明明德)에 이은 대학의 두 번째 강령으로, 만백성들에게 가깝게 다가가 사이를 좁히고 친해짐으로써 큰 사랑으로 하나가 된다는 말입니다.

1) 친민(親民)

밝은 덕을 밝히는 순간이 모든 사람이 둘 아닌 하나임을 깨닫는 순간입니다. 그럼에도 명명덕(明明德)에 이어 친민(親民)을 역설한 것은 어떤 까닭일까요? 밝은 덕을 다시 한번 더 밝히는 것처럼, 본래 하나임에도 불구하고, 밝은 덕을 밝히지 못한 까닭에 하나임을 모르는 사람들이, 밝은 덕을 밝히고 하나임을 증득하도록 홍익인간(弘益人間)하라는 말입니다.

불교의 표현을 빌리면, 물질 보시에서 한 발 더 나아가, 법(法) 보시를 통한 자각각타(自覺覺他 자신이 깨닫고 타인들도 깨닫도록 함)의 보살행을 실천하는 것이 친민(親民)입니다. 위로 깨달음을 구하고, 아래로 중생들을 교화하는 상구보리(上求菩提) 하화중생(下化衆生)과 모든 사람과 하나 되는 친민(親民)이 다르지 않음을 알 수 있습니다.

예수님께서 첫째 계명으로 말씀하신 "네 마음을 다하고 목숨을 다하고 뜻을 다하여 주 너의 하나님을 사랑하라."라는 것이 밝은 덕을 밝히는 것이라면 "네 이웃을 네 몸과 같이 사랑하라."는 두 번째 계명이 바로 친민(親民)입니다.

밝은 덕을 밝힘으로써 백성과 둘이 아님을 깨닫게 되면, 백성이 아플 때 함께 아플 수밖에 없습니다. 손과 발이 각각 별개이면서도, 모두 나에 속하기 때문에, 발에 가시가 박혔다고 해서 손이 '나 몰라라' 하면서 외면하는 일은 결코 있을 수 없습니다. 이 같은 맥락에서 동서고금을 통해 밝은 덕을 밝힌 모든 현자들이 백성의 아픔을 외면한 채 호의호식한 경우는 단 한 번도 없었고, 앞으로도 없을 것입니다. 밝은 덕을 밝히지 못한 채, 백성들과 함께하며 친민(親民)한 경우 또한 단 한 번도 없었으며, 앞으로도 없을 것입니다. 자신의 발등에 떨어진 불도 끄지 못한 채, 타인의 발등에 떨어진 불을 끈다는 것은 있을 수 없는 일입니다. 소경이 소경을 인도하면 둘 다 구덩이에 빠질 것은 불을 보듯 훤하기 때문입니다.

2) 신민(新民)

'친민'(親民)을 '백성을 새롭게 한다'로 풀이하는 경우가 종종 있습니다. '친민'(親民)과 관련, 정자(程子)가 '親當作新'(친당작신 친은 마땅히 신으로 해야 옳다)을 주장하고, 주자(朱子)가 이에 적극 동조하면서 '친민'(親民)을 '신민'(新民)으로 보는 견해가 보다 타당하다고 여기는 풍조가 생겨난 듯합니다.

그러나 공자님께서 말씀하셨듯이, 辭達而已矣(사달이이의) 즉, "말과 글이라는 것은 뜻을 전달할 수 있으면 그뿐"입니다. '신민'(新民)이라는 글자를 써서 '백성을 새롭게 한다'고 표현해도 뜻이 통하지 않는 것은 아닙니다. 마찬가지로 '친민'(親民)이란 글자를 써서 '백성을 친애(親愛)한다'고 표현해도 뜻이 통하지 않을 까닭은 전혀 없습니다. 또한 밝은 덕을 밝히신 대학의 원저자께서 '신민'(新民)이란 글자를 몰라서 '친민'(親民)이라고 썼을 리도 만무합니다. 오히려 '신민'(新民)보다 '친민'(親民)이란 표현이 대학의 전체적 의미와 상통합니다. 그럼에도 불구하고, "대학은 공자님께서 남긴 글."이라고까지 말했던 정자와 주자가 굳이 '친민'(親民)을 '신민'(新民)으로 왜곡하면서까지 긁어 부스럼을 만든 것은 어떤 까닭일까요?

3) '친민'(親民)과 '신민'(新民)

정자와 주자가 '친민'(親民)을 '신민'(新民)으로 바꾼 것은, 밝은 덕을 밝히지 못한 채, 알음알이로 대학의 뜻을 헤아렸기 때문입니다. 밝은 덕을 밝히고 백성과 하나 되지 못한 까닭에, 자신들보다 아래 계급인 백성들과 하나 된다는 것을 이해하고 받아들이는 일이 쉽지만 않았을 것입니다. 자신들과 달리, 백성들은 계몽돼야 할 어리석은 무리로서,

자신들의 가르침을 통해 새로워질 필요가 있는 대상으로 파악했음이 분명합니다. 그렇지 않다면, '친민'(親民)이 틀리고 '신민'(新民)이 타당하다는 주장을 펼 수는 없었을 것입니다.

농부가 봄에 밭을 갈기 위해 겨울 내내 소에게 여물을 먹이고 춥지 않게 보살피는 것은 사랑이 아닙니다. 임금이 이웃 나라와의 전쟁을 위해 군사들을 훈련시키고 배불리 먹이는 것은 결코 병사들을 사랑해서가 아닙니다. 고장 난 세탁기를 서둘러 고치는 것은 세탁기를 사랑해서가 아니라, 자신의 불편함을 덜고자 하는 자기애(自己愛)에서 비롯된 지극히 이기적인 행동일 뿐입니다. 소, 병사, 세탁기 는 자신이 목적하는 바를 달성하기 위한 수단일 뿐, 그 자체가 본목적이 아님을 알 수 있습니다. 정신적이 됐든, 물질적이 됐든 부르주아가 자신들의 편리를 위해 프롤레타리아의 생존을 보장하는 것은 어떤 의미로든 사랑이라고 할 수 없습니다. 비유컨대, 추운 겨울 등산을 하면서 꽁꽁 언 발을 두 손으로 어루만지고 감싸며 녹이는 것, 이것이 진정한 사랑인 친민(親民)입니다. 이때 손은 발을 위해 선행을 베풀려는 의도, 착한 일을 했다는 생각도 없이 물처럼 흐를 뿐, 어떤 생색(生色)도 내지 않고 보상도 바라지 않습니다. 그러나 손이 발을 이용해 무사히 산을 내려가기 위해 수단시했다면, 결코 사랑일 수 없습니다. 손이 발을 수단으로 이용하는 경우라면, 당연히 높이 있는 깨끗한 손의 입장에서 아래에 있는 더러운 발과 하나가 되는 친민(親民)은 불편할 수밖에 없습니다. 그런 어두운 마음만이 신민(新民)란 교언(巧言)을 통해 스스로를 위안하며, 대학의 큰 뜻을 왜곡하는 어리석은 짓을 자행할 수 있습니다.

밝은 덕을 밝힘으로써 백성들과 둘이 아님을 여실히 깨달았다면, '친민'(親民)이든 '신민'(新民)이든 어떤 글자를 쓰느냐는 전혀 문제될 것이 없습니다. '친민'(親民)은 틀리고 '신민'(新民)이어야만 한다고 주장한다면, 훔친 마이크에 대고 결백을 주장하는 짓과 다르지 않기 때문입니다. 실참실오(實參實悟)를 통해 밝은 덕을 밝히지 못했음을 만천하에 고백하는 짓으로, 지독한 자가당착(自家撞着)일 뿐입니다. '친민'(親民)이 부적합하고 '신민'(新民)이어야 한다는 견해는, 정자와 주자가 얄팍한 알음알이와 건조한 지혜에 의존한 채, 이리저리 망상(妄想)을 피운 뒤에 토해 낸 망언(妄言)일 뿐입니다. 이제 친민(親民)을 신민(新民)이란 교언(巧言)으로 왜곡시킴으로써, 대학의 큰 뜻을 흐리는 일은 사라져야 합니다.

불교의 금강경 또한 제25분 화무소화분(化無所化分) 및 제3분 대승정종분(大乘正宗分)을 통해, 밝은 덕을 밝힘으로써 백성들과 둘 아님을 여실히 깨닫고 홍익인간(弘益人間)하는 '친민'(親民)에 대한 정의를 명료하게 밝히고 있습니다.

***

제25 화무소화분(化無所化分)

須菩提(수보리) 於意云何(어의운하) 수보리야 어떻게 생각하느냐?

汝等勿謂如來作是念(여등물위여래작시념) 我當度衆生(아당도중생)
너희는 여래가 중생을 제도했다는 생각을 한다고 여기지 마라.

須菩提(수보리) 莫作是念(막작시념)
수보리야 그런 생각을 하지 말라.

何以故(하이고) 實無有衆生如來度者(실무유중생여래도자)
왜냐하면, 실제로 여래가 제도한 중생이 없기 때문이다.
若有衆生如來度者(약유중생여래도자)
만약 여래가 '제도한 중생이 있다'고 한다면,

如來則有我人衆生 壽者(여래즉유아인중생수자)
여래에게 아상, 인상, 중생상, 수자상이 있게 된다.

***

제3분 대승정종분(大乘正宗分)

如是滅度無量無數無邊衆生(여시멸도무량무수무변중생)

이와 같이 한량없고 헤아릴 수 없고 가 없는 중생들을 제도해도,

實無衆生得滅度者(실무중생득멸도자)

실은 제도를 받은 중생은 없느니라.

若菩薩(약보살) 有我相人相衆生相壽者相(유아상인상중생상수자상)

만약에 보살에게, 아상, 인상, 중생상, 수자상이 있다면,

卽非菩薩(즉비보살)

결코 보살이 아니다.

4. 지어지선(止於至善)

'지어지선'(止於至善)은 '명명덕'(明明德), '친민'(在親民)에 이은 대학의 세 번째 강령으로 지극한 선의 자리에 머문다는 뜻입니다. 지(止)는 그쳐 머문다는 뜻으로, 한순간도 지선(至善)의 자리에서 물러남이 없는 불퇴전(不退轉)을 의미합니다. 지선(至善) 즉, 지극한 선의 자리란 대소유무(大小有無)의 양변(兩邊)을 여읜 중도(中道)의 극락정토며, 아담과 이브가 선악과(善惡果)를 따 먹기 이전에 살았던 시집가고 장가갈 일 없는 일원(一元)의 하늘나라입니다. 공자님께서 말씀하신 극기복례(克己復禮) 즉, 모두가 자기 자신을 이기고 예(禮)로 돌아감으로써 다함께 행복한 삶을 누리는 대동사회(大同社會)를 말합니다. 아는 것은 안다고 말하고, 모르는 것은 모른다고 말하며, 배고프면 밥 먹고, 졸리며 잠자는 유식무경(唯識無境 오직 식일 뿐, 따로 대상 경계가 없음)의 화엄법계(華嚴法界)가 바로 선(善)마저 돈망(頓忘)한 지선(至善)의 세상입니다.

봄이 오면 풀이 절로 푸르고, 그 풀 끝마다 밝은 덕이 넘쳐 나는 안횡비직(眼橫鼻直 눈은 가로로, 코는 세로로 곧게)의 세상, 한 송이 우담바라로 활짝 피어난 지선(至善)의 태평천하(泰平天下)를 노래한 의상조사님의 멋진 게송이 있습니다.

***

雨寶益生滿虛空(우보익생만허공)

비처럼 만 생명에 유익한 보배가 허공에 가득 내리니

衆生隨器得利益(중생수기득이익)

모든 중생들이 자신의 그릇에 따라 이익을 얻는구나

是故行者還本際(시고행자환본제)

이런 까닭에 지선의 자리로 돌아가 머무는 수행자는

叵息妄想必不得(파식망상필부득)

망상을 쉴 것도 없고, 오직 전일하여 얻을 것도 없도다

無緣善巧捉如意(무연선교착여의)

걸릴 것 없는 뛰어난 기교방편을 뜻과 같이 붙잡음이여!

歸家隨分得資糧(귀가수분득자량)

집으로 되돌아가 필요한 만큼의 재물과 식량을 얻음이여!

− 법성게(法性偈) 중에서 −

제2장. 대학의 6단계 수행

知止而後有定

定而後能靜 靜而後能安

安而後能慮 慮而後能得

그침을 알고 난 후에 안정됨이 있고,

안정된 후에 능히 고요할 수 있다.

고요한 후에 능히 편안해질 수 있고,

편안해진 후에 능히 생각할 수 있으며,

생각한 후에 능히 얻을 수 있다.

1. 지지이후유정(知止而后有定)

　대학의 큰 줄기는 명명덕(明明德), 친민(親民), 지어지선(止於至善)의 3대 강령입니다. 이 가운데서도 대학의 핵심 골수이자 첫 단추는 단연 밝은 덕을 밝히는 명명덕(明明德)입니다. 그런데 모든 사람들에게 하늘이 명(命)한 천성(天性) 즉, '밝은 덕'이 이미 내재해 있고, 그 밝은 덕을 밝혀야 한다는 것을 아는 데 그쳐선 안 됩니다. 그 같은 사실을 '아는 자'로 남는다면 별무소용(別無所用)으로 모르는 것만 못하기 때문입니다. 목마르고 배고픈 자가 이런저런 맛난 음식 얘기만 듣고 먹지 않는다면, 공연히 음식 얘기를 듣느라고 힘만 뺐을 뿐, 배가 부르지 않는 것과 다르지 않습니다. 대학에는 다행히 실참실오(實參實悟)를 통해 내면의 '밝은 덕'을 자내증(自內證)하고 계합(契合)할 수 있는 수행법을 6단계로 시설해 놓고 있습니다. 첫 번째와 두 번째는 지(止)와 정(定) 즉, 그침과 안정입니다.

1) 지지(知止)

　지지(知止)는 대학이 제시하고 있는 첫 단계의 수행법으로 멈추고 그칠 줄 아는 것입니다. 무엇을 그쳐야 하며, 왜 안다는 의미를 내포하고 있는 지(知)라는 글자를 썼을까요?

멈추고 그쳐야 할 것은 마음을 불편하게 하고 몸을 힘들게 하는 그 릇된 생각과 말과 행동입니다. 우리를 괴로움 속으로 빠져들게 함으로써 불행한 삶의 원인이 되는 일체의 생각과 말과 행동을 멈추고 그쳐야 합니다. 고요한 연못에 돌을 던짐으로써 잔잔한 수면이 요동치듯 고요하고 밝은 마음을 들뜨고, 흩어지고, 어둡게 하며 맑고 생명으로 넘치는 몸을 탁하게 만들며 생명을 앗아 가는 모든 생각과 말과 행동을 멈추고 그쳐야 합니다. 예를 들어, 과도한 음주와 흡연으로 인해 간과 폐가 극도로 약해짐에 따라 간암 및 폐암이 염려되는 가운데, 건강을 회복하고자 한다면 술과 담배를 끊어야만 합니다. 술과 담배를 끊지 않고 간과 폐에 좋은 음식과 약을 먹는 것만으로는 부족합니다.

타인과 관련된 일은 멈추고 그쳐야 될지, 아니면 적극적으로 진행해 마쳐야 할지 어떻게 판단하면 될까요? 자신이 좋아하고, 이득이되는 일이라면 무조건 올바른 일일까요? 그 일이 정당성을 확보하지 못한 채, 타인에게 피해를 입히는 결과를 낳는다면 멈추고 그쳐야 합니다. 결국 그 같은 일들은 작은 이득을 남긴 뒤에 두고두고 마음을 괴롭히며 인생의 오점이 된 채, 불행의 씨앗이 되기 때문입니다. 그런데 인의(仁義)를 저버린 채, 눈앞의 이득(利得)에 길들여진 업식의 '나'가 그 일을 해야 할지, 멈추고 그쳐야 할지를 판단하는 것은 쉽지 않습니다. 내면의 밝은 덕을 밝히기 전이라면, 최대한 사리사욕(私利私慾)을 버리고 지공무사(至公無私)한 판단을 위해 노력한다고 해도, 자신도 모르는 사이에 팔이 안으로 굽을 수 있습니다. 이 때문에 자신과 상대의 입장을 바꿔 놓고 생각해 보는 역지사지(易地思之)가 필요한 것입니다.

안다는 뜻을 가진 지(知)를 써서 멈추고 그칠 줄 알아야 함을 강조한 것은 어떤 까닭일까요? 술과 담배로 인해 간과 폐의 건강이 극도로 나빠졌음에도 불구하고, 오랜 세월 잘못된 습관에 길들여진 업식(業識)의 '나'는, 술과 담배야말로 자신의 삶을 행복으로 이끄는 고마운 것이란 그릇된 지견을 고집하기 쉽습니다. 결국 술과 담배가 간과 폐의 건강을 해치고 있다는 사실을 제대로 알아야만 술 마시고 담배 피는 행위를 멈추고 그칠 줄도 알게 됩니다. 실상을 꿰뚫어 보고 정확히 알아야지만, 올바른 생각과 올바른 말과 올바른 행동이 가능하기 때문에 지지(知止) 즉, 멈추고 그칠 줄 알아야 한다고 강조한 것입니다.

공자님께서도 하늘이 부여한 성품인 '밝은 덕을 밝히는 것'을 극기복례(克己復禮) 즉, 업식의 '나'를 이기고 예로 돌아가는 것이라고 피력하신 뒤, 극기복례(克己復禮)를 위해선 잘못된 생각과 말과 행동을 멈추고 그쳐야만 한다고 역설하신 바 있습니다. 예가 아니면 보지 말고, 예가 아니면 듣지 말고, 예가 아니면 말하지 말고, 예가 아니면 행동하지 말라는 비례물시(非禮勿視), 비례물청(非禮勿聽), 비례물언(非禮勿言), 비례물동(非禮勿動)이 바로 그것입니다. 물론 내면의 밝은 덕을 밝힘으로써 업식의 '나'를 이기고 예(禮)로 돌아가기 전에는 예

(禮)인지 비례(非禮)인지 구분하는 것이 쉽지 않습니다. 그래서 스승의 가르침 및 성현들께서 설해 놓으신 경전의 말씀을 표준삼아야 합니다. 내면의 밝은 덕을 밝히는 자등명(自燈明)을 위해 스승 및 경전의 가르침에 의지하는 법등명(法燈明)이 전제돼야 하는 까닭입니다. 결국 교학적(敎學的)인 1차 법등명(法燈明)에 이어 내면의 밝은 덕을 밝히는 자등명(自燈明), 그리고 친민(親民)을 위한 실천적 보살행으로서의 2차적 법등명(法燈明) 순으로 지혜의 빛을 밝혀야 합니다.

2) 유정(有定)

유정(有定)은 안정됨이 있다는 의미입니다. 몸과 마음을 불편하고, 괴롭게 만드는 일체의 말과 행동 등을 어느 정도 멈추고 그친 상태를 말합니다. 그러나 술과 담배, 마약, 도박 등에 길들여진 업식의 '나'가 여전히 남아 있어서, 자신의 삶을 망치는 그릇된 습관에서 벗어나야지 하면서도 술, 담배, 마약, 도박 등의 유혹이 머릿속에서 떠나지 않고 들락거리는 상태를 말합니다. 술, 담배, 마약, 도박 등의 유혹을 참고 견디며 떨쳐 내고 있을 뿐, 언제든 술, 담배, 마약, 도박 등에 다시 빠져들 수 있는 단계입니다. 이 때문에 술, 담배, 마약, 도박 등의 폐해를 정확하게 알아야만 흔들림 없이 멈추고 그칠 수 있습니다. 그리고 일말의 물러섬 없이 단호하게 멈추고 그칠 수 있으며, 그런 연후에 비로소 안정될 수 있습니다.

2. 정이후능정(定而后能靜)

정이후능정(定而后能靜)은 그침을 알고 안정된 이후에 고요해진다는 말입니다.

안정의 상태란 술, 담배 등의 나쁜 짓을 애써 멈추고 그쳤음에도 불구하고, 머릿속에서 업식의 '나'가 끊임없이 유혹하는 단계를 말합니다. 그러나 고요할 정(靜)를 쓴 능정(能靜)은 일정기간 안정 상태가 지속됨에 따라 머릿속에서 조차 악습의 유혹이 점점 그 세력을 잃어 감에 따라 몸의 안정과 더불어 마음까지 고요해지는 단계를 말합니다.

여기까지가 불교의 계정혜(戒定慧) 삼학(三學) 수행 중 계학(戒學)의 단계에 해당한다고 볼 수 있습니다. 그리고 우리 민족 전통 수행법인 지감(止感), 조식(調息), 금촉(禁觸) 중 눈, 귀, 코, 혀, 몸, 의식 등을 통해 바깥 경계와 접촉 자체를 원천 차단함으로써 몸과 마음의 안정을 찾으려는 금촉 수행법과도 다르지 않음을 알 수 있습니다. 또한 지정정(止定靜)과 계학(戒學)과 금촉(禁觸) 등은 스스로가 내면의 빛을 밝히기 전, 가르침에 의지해 명덕(明德)을 밝히기 위한 수행의 첫 단계임을 알 수 있습니다.

3. 정이후능안(靜而后能安)

정이후능안(靜而后能安)은 고요해진 이후에 능히 편안해진다는 말입니다. 정(靜)의 상태가 과거의 악습을 멈추고 그쳐서 어느 정도 심신의 안정과 고요함을 회복한 단계라면, 능안(能安)은 업식의 '나'가 힘을 잃고 사라짐으로써, 머릿속에 어떠한 잡념도 일어나지 않는 무념무상(無念無想)의 상태를 말합니다. 밝은 덕을 밝힌 명명덕(明明德)이 능안(能安)이며, 중용에서 말하는 희로애락지미발위지중(喜怒哀樂之未發謂之中) 즉, 희로애락이 일어나기 전의 중(中) 또한 능안(能安)과 다르지 않습니다.

공자님께서 말씀하신 극기복례(克己復禮) 즉, 온갖 욕심과 욕망으로 어둡고 탁해진 업식의 '나'를 이기고 예(禮)로 돌아감 또한 명명덕(明明德)과 다르지 않습니다. 뿐만 아니라, 대학의 지정정(止定靜)과 공자님께서 말씀하신 예가 아니면 보지 말고, 예가 아니면 듣지 말고, 예가 아니면 말하지 말고, 예가 아니면 행동하지 말라는 비례물시(非禮勿視) 비례물청(非禮勿聽) 非禮勿言(비례물언) 非禮勿動(비례물동)이 그 본질에 있어 전혀 다르지 않음도 알 수 있습니다.

능안(能安)은 불교의 계정혜(戒定慧) 삼학(三學) 중 선정(禪定)바라밀을 목표로 하는 정학(定學)의 단계에 해당한다고 볼 수도 있습니다. 그리고 우리민족 전통 수행법인 지감(止感), 조식(調息), 금촉(禁觸) 수행법 중 호흡을 고름으로써 일체의 생각 감정을 멈추고 무념무상(無念無想)에 이르는 조식(調息) 및 지감(止感) 수행과도 일맥상통함을 알 수 있습니다.

대학(大學)은 몸과 마음의 고요함이 깊어짐에 따라 무념무상(無念無想)의 능안(能安)에 이를 수 있다는 대강(大綱)만을 밝혔을 뿐, 능안(能安)에 이르는 구체적 수행 방법에 대해선 언급하지 않고 있습니다. 반면 백두산족의 전통적 수행법은 호흡을 고르는 조식(調息) 및 생각과 감정을 그치는 지감(止感)이란 구체적이고 실제적인 수행을 밝히고 있습니다.

생각 감정이 일어남을 그 즉시 알아차리고 비춰 봄으로써 곧바로 멈추고 그칠 수 있다면, 그 어떤 수행법도 더 이상 필요하지 않습니다. 그러나 생각과 감정이 일어나는 것을 즉시 비춰 본다고 해도 강력한 업식에 뿌리를 둔 까닭에, 알아차리고 비춰 보는 관(觀)의 힘이 약한 까닭에, 생각과 감정이 쉽게 사라지지 않는 경우도 허다합니다. 이럴 경우, 호흡을 고르는 조식(調息)은 아주 유용하고 강력한 수행법이 됩니다. 조식(調息)을 통해 들뜬 기(氣)를 가라앉히고, 들뜬 기를 가라앉힘으로써 생각과 감정을 그치는 지감(止感) 즉, 무념무상(無念無想)의 능안(能安)이 수월하기 때문입니다. 누군가와 시비가 벌어져 호흡이 거칠어지고, 두 눈이 충혈될 만큼 화기(火氣)가 치솟았을 때, 뒤돌아서서 담배를 한 대 피워 물고, 연기를 깊숙이 빨아들임으로써 평정심(平靜心)을 회복하는 것 또한 조식(調息)에 따른 지감(止感)의 원리와 다르지 않음을 알 수 있습니다.

도교(道敎)의 정기신(精氣神) 수련법 또한 대학의 지정정안(止定靜安)의 네 단계 수행법과 연계해서 살펴볼 수 있습니다.

불필요한 행동을 그치고 휘고 일그러진 자세를 곧게 펴서 바로잡으며, 근골을 강화하는 등 정(精)을 단련함으로써 기(氣)를 안정되고 충만하게 하는 연정화기(鍊精化氣)는 지정(止定)에 해당됩니다. 고요하고 깊은 호흡을 통해 기(氣)를 단련함으로써 정신을 맑고 밝게 하는 연기화신(鍊氣化神)은 정(靜)의 단계에 속합니다. 정신을 가라앉히고 모음으로써 무념무상의 태허(太虛)에 합일(合一)하는 연신환허(鍊神還虛)는 능안(能安)의 단계로 이해할 수 있을 것입니다.

4. 능려(能慮) 능득(能得)

능려(能慮)와 능득(能得)은 능히 생각을 굴려 씀으로써 능히 원하는 바를 얻는다는 뜻입니다. 능려(能慮)와 능득(能得)이 가능한 것은 능안(能安)이 전제됐기 때문입니다. 활 쏘는 사람의 두 발이 딛고 있는 발판이 흔들리지 않아야 과녁을 향해 화살을 겨누고, 쏘고, 끝내 적중할 수 있습니다. 이와 마찬가지로 능안(能安)이 이루어져야만 비로소 능려(能慮)와 능득(能得)이 가능함은 당연합니다. 희로애락(喜怒哀樂)이 일어나기 이전의 중(中)의 마음자리에서 발(發)하면 모두 절도에 맞는다는 중용의 가르침인 발이개중절(發而皆中節)이 바로 대학의 능려(能慮)와 능득(能得)에 해당됩니다.

1) 안이후능려(安而后能慮)

안이후능려(安而后能慮)는 편안해진 연후에 능히 바른 생각인 정사유(正思惟)가 가능하다는 말입니다. 0점 조정이 된 저울만이 물건을 올려놓으면, 일말의 망설임도 없이 그 무게를 정확히 재는 것과 같은 이치입니다. 무념무상(無念無想)의 능안(能安)이 저울의 0점 조정이라면, 능려(能慮)는 0점 조정된 저울이 정확하게 무게를 재는 것으로 비유할 수 있습니다.

2) 려이후능득(慮而后能得)

려이후능득(慮而后能得)은 바른 생각을 한 후에 능히 원하는 바를 얻을 수 있다는 말입니다. 반야 지혜로써 바르게 생각한다면 굳이 애쓰지 않아도 바른 말과 바른 행동으로 이어져 생각한 바를 성취할 수 있습니다. 고요하고 편안한 마음은 바른 생각을 할 수 있습니다. 바른 생각은 바른 앎을 담보해 냅니다. 바른 앎은 저절로 바른 행으로 이어짐으로써 지행합일(知行合一)의 순리자연(順理自然)한 성공적 삶을 누리게 됨은 당연한 귀결입니다.

불교의 계정혜(戒定慧) 삼학(三學) 중에선 반야 지혜로서 바르게 생각하고, 바르게 말하고, 바르게 행동하는 혜학(慧學)을 통해 증득한 반야바라밀이 대학의 능려(能慮) 및 능득(能得)을 아우른다고 볼 수 있습니다. 백두산족 및 도교의 수행법은 지감(止感) 및 연신환허(鍊神還虛)를 통해 밝은 덕을 밝히는 데까지만 언급하고 있습니다. 내면의 밝은 덕을 밝히는 능안(能安)을 통해 공적영지(空寂靈知)를 증득(證得)하는 것만으로도 절로 능려(能慮)와 능득(能得)이 가능하기 때문에 생략한 것입니다.

능안(能安)에 이은 능려(能慮)와 능득(能得)을 선가(禪家)의 삼조 승찬 선사께서는 허명자조(虛明自照) 불노심력(不勞心力) 즉, 텅 비고 밝아 스스로 비추니 애써 마음의 힘을 쓰지 않아도 되는 경지라고 말씀

하신 바 있습니다. 도교의 골수라고 할 수 있는 무위자연(無爲自然 함
이 없이 스스로 그러함) 또한 능안(能安)에 이은 능려(能慮) 능득(能得)의 가
르침과 다르지 않음을 알 수 있습니다.

제3장. 일상에서의 도(道)

物有本末 事有終始

知所先後 則近道矣

만물에는 근본과 말단이 있고

일에는 시작과 끝이 있다.

먼저와 나중을 안다면 도에 가까울 것이다.

1. 본말(本末), 종시(終始), 선후(先後)

지지(知止), 유정(有定), 능정(能靜), 능안(能安)에 이은 능려(能慮) 및 능득(能得)은 일상의 삶 속에서 어떻게 발현될까요? 내면에 깃들어 있는 하늘의 성품인 밝은 덕을 밝힌 후, 지혜롭게 생각하고 사고함으로써 원하는 바를 능히 얻을 수 있다는 것을, 막연히 신묘한 생각과 신통력을 발휘함으로써 이적이나 기적을 행하는 것으로 착각해선 안 됩니다. 이 같은 맥락에서 공자님께서는 종심소욕불유구(從心所慾不踰矩) 즉, 마음 가는 대로 행해도 법도에 어긋남이 없다는 말씀을 통해 인의(仁義)에 합당한 순천(順天)의 삶을 강조하셨을 뿐, 괴력난신(怪力亂神: 괴이한 힘과 난잡한 신)에 대해선 결코 한 말씀도 입에 담지 않으셨습니다.

1) 물유본말 사유종시

물유본말(物有本末) 사유종시(事有終始)는 세상 만물에는 근본과 말단이 있고, 세상의 모든 일에는 시작과 끝이 있다는 말입니다. 그런데 밝은 덕을 밝히고 나면 이 세상의 실상(實相)이 시간과 공간을 초극해 있는, 절대적(絶對的) 무한(無限)의 일원(一元) 세계(世界)란 사실을 깨닫게 됩니다. 따라서 만물에 근본과 말단이랄 것이 없으며, 일에도 시작과 끝이 없다는 사실도 자내증 하게 됩니다. 그럼에도 불구하고 만물에 근본이 있고 일에 시작과 끝이 있다고 말한 것은 어떤 까닭일까요? 절대적(絶對的) 무한(無限)의 일원(一元) 세계(世界)와 시공(時空) 위에서 펼쳐지는 상대적(相對的) 유한(有限)의 현상 세계가 둘이 아니기 때문입니다. 그리고 인간의 삶이 옳은지 그른지의 판별은 일원의 세계가 아닌 본말(本末)과 시종(始終)의 음양(陰陽)으로 벌어지는 현상 세계의 일이기 때문입니다.

2) 지소선후 즉근도의

지소선후(知所先後) 즉근도의(則近道矣)는 선후(先後) 즉, 먼저와 나중을 알면 도(道)에 가깝다는 말입니다. 선후란 다름 아닌 세상 만물의 근본과 말단 및 세상 모든 일의 시작과 끝 등을 말합니다. 도(道)에 가깝다는 것은 세상의 만물과 모든 일에 두루 달통(達通)할 수 있다는 의미입니다. 지정정안(止定靜安)의 명명덕(明明德)을 통해 능히 생각하고 얻을 수 있는 능려(能慮) 및 능득(能得)을 말하는 것입니다.

중용은 지소선후(知所先後) 즉근도의(則近道矣)를 '발이개중절'(發而皆中節) 즉, 발해지면 모두 절도에 딱 들어맞는다는 말로 대신하고 있습니다. 명명덕(明明德)함으로써 희로애락(喜怒哀樂)이 일어나기 전의 중(中)에 이르고, 지공무사한 중(中)의 자리에서 마음을 일으키는 까닭에 생각하고 말하고 행하는 것이 모두 절도에 딱 들어맞는다는 것이 중용의 가르침입니다.

공자님께서 말씀하신, 군자는 때에 맞는 시의적절(時宜適切)한 생각과 말과 행동을 한다는 군자이시중(君子而時中) 및 마음이 가는 대로 생각하고 말하고 행동해도 법도에 어긋나지 않는다는 종심소욕불유구(從心所欲不踰矩) 또한 대학의 지소선후(知所先後) 즉근도의(則近道矣)와 다르지 않습니다. 맹자님께서 말씀하신 군자유불전(君子有不戰) 전필승의(戰必勝矣) 즉, 군자가 싸우지 않을지언정 싸우면 반드시 이긴다는 것 또한 대학의 지소선후(知所先後) 즉근도의(則近道矣)와 일맥상통하는 가르침입니다.

선가(禪家)의 맹장이셨던 임제(臨濟) 선사의 법문인 수처작주(隨處作主) 입처개진(立處皆眞) 즉, 때와 장소에 맞는 주체적 삶을 사는 까닭에, 발 딛고 서는 곳마다 모두 참되다는 대기묘용(大機妙用)의 가르침 또한 대학의 지소선후(知所先後) 즉근도의(則近道矣)와 무관하지 않습니다. 대승불교의 양대 산맥 중 하나인 유식학파(唯識學派)의 대원경지(大圓鏡智) 및 성소작지(成所作智) 등도 대학의 명명덕(明明德)과 동일한 가르침입니다.

지소선후(知所先後) 즉근도의(則近道矣)와 관련해 반드시 짚고 넘어가야 할 것이 하나 있습니다. 오직 실제적 수행을 통해 명덕(明德)을 밝히는 일만이 시급할 뿐, 누구나 본래부터 명덕(明德)의 마음자리를 가지고 있음을 알았다고 해서 달라질 것은 아무것도 없다는 사실입니다. 또한 공적영지(空寂靈知)한 명덕(明德)의 마음자리를 밝히고 능려(能慮) 능득(能得)할 수 있다고 해서, 무조건 세상 만물에 달통하는 것은 아닙니다. 명덕을 밝혔다고 해서 세상의 모든 일에 전지전능(全知全能)해질 것이라고 착각하는 일은 없어야 합니다. 명덕(明德)을 밝혔다고 해서 배운 적도 없는 바둑을 프로기사처럼 잘 두고, 컴퓨터를 잘하고, 자전거도 잘 타며, 영어도 잘하는 등의 일은 결코 일어나지 않습니다.

명덕(明德)을 밝힌 지혜로운 마음은 배우지도 않은 바둑, 컴퓨터, 자전거, 영어 등등에 능통할 것이라는 막연한 기대도, 그 어떤 욕심도 없습니다. 명덕(明德)을 밝힌 공적영지(空寂靈知)한 마음이라면, 자신이 해야 할 일인지, 아닌지를 정확하게 알 뿐입니다. 자신이 해야 할 일이라면, 그 일을 알고 있는지, 모르는지를 제대로 알 뿐입니다. 그리고 모르는 일이라면, 일말의 아는 척도 없이 모름을 인정합니다. 그런 후 빨리 잘하려는 욕심 없이 최선을 대해 성실하게 배울 뿐입니다.

이 같은 맥락에서 공자님께선 자기 자신을 이기고 예로 돌아가 명덕(明德)을 밝힌 군자의 참다운 앎과 관련, 지지위지지(知之爲知之) 부지위부지(不知爲不知) 시지야(是知也) 즉, 아는 것은 안다고 하고 모르는 것은 모른다고 하는 것이 아는 것이라고 말씀하셨습니다. 그리고 학이시습지불역열호(學而時習之不亦說乎) 즉, 배우는 것으로 그치지 않고 그 배운 바를 때때로 익히는 것의 즐거움을 역설하셨습니다. 또한 지지자불여행지자(知之者不如行之者) 행지자불여락지자(行之者不如樂之者) 즉, 아는 자는 행하는 자만 못하고 행하는 자는 즐기는 자만 못하다는 말씀을 통해 단순히 아는 데 그치지 않고 지속적으로 간단없이 익힘으로써 즐길 줄 알아야 함을 피력하셨습니다. 뿐만 아니라 과이불개(過而不改) 시위과의(是謂過矣) 즉, 잘못을 고치치 않는 것이야말로 잘못이라는 말씀을 통해, 누구나 잘못을 할 수는 있지만 그 잘못을 알게 되면 그 즉시 고쳐야 함을 강조하신 바 있습니다.

2. 주역의 중정무구 음양화평

세상 만물의 본말과 세상사의 시종 등 선후를 제대로 알아서 도(道)에 합당한 순천(順天)의 삶을 누리는 것이 삼경 중 하나인 역경(易經) 곧, 주역의 궁극입니다.

복희씨의 팔괘와 문왕의 64괘사, 주공의 384효사, 공자의 십익전 등으로 구성되어 있는 주역은 의리역(義理易)과 상수역(象數易)으로 대별할 수 있습니다. 의리역은 양(陽)인 하늘과 음(陰)인 땅으로 이뤄진 인간이 음양합일(陰陽合一)을 이룸으로써 아무런 허물도 없는 무구(无咎)한 대인(大人)이 되는 길을 밝히는 역(易)으로 주역의 핵심이라고 할 수 있습니다. 상수역은 괘상을 통해 음양의 조화 및 허실을 파악함으로써 목전의 상황은 물론 장차 일어나게 될 미래를 예측하는 占(점)을 치기 위한 역이라고 할 수 있습니다. 의리역이 체(体)라면 상수역은 용(用)입니다. 의리역을 깨닫게 되면 상수역은 저절로 운용되는 체(体)에 즉(卽)하는 용(用)인 까닭에 생략하고 의리역의 골수만 간략하게 설명하겠습니다.

주역의 이상적 인간상인 대인(大人)의 조건인 '허물이 없다'는 것은 어떤 상태를 말하는 것일까요? 허물이 무엇인지를 알면 허물이 없다는 것이 무엇인지 쉽게 알 수 있을 것입니다. 주역이 말하는 허물은 바로 음(陰)이나 양(陽) 중에서 어느 한쪽이 지나치거나 모자라는 태과(太過) 불급(不及)의 상태로서, 대학에서 말하는 만물의 본말과 세상일의 시종 등 선후가 어긋나 맞지 않는 것을 말합니다. 음이든 양이든 어느 한편이 넘치거나 부족함에 따라 음양의 조화가 깨짐으로써 발생되는 온갖 잡음과 문제가 바로 허물입니다. 반면 음양이 조화를 이룬 음양화평(陰陽和平)의 중정(中正) 상태가 허물이 없는 무구(無垢)입니다. 대학의 지소선후(知所先後) 즉근도의(則近道矣)와 음양화평(陰陽和平) 중정무구(中正無垢)의 본질이 다르지 않음을 알 수 있습니다.

음양의 태과불급을 해소하고 음양화평의 대인(大人)이 되기 위해선 어떻게 해야 할까요? 지나치게 드러난 것을 미약하게 함으로써, 그윽하게 숨어 있는 것이 확연하게 드러나는 미현천유(微顯闡幽)를 통해 중정무구의 대인(大人)이 될 수 있다는 것이 주역의 가르침입니다. 음이든 양이든 어느 한 기운이 지나치게 넘치거나 부족함은 업식의 '나'가 날뛰는 것이고, 음양화평의 중정무구는 업식의 '나'가 사라짐에 따라 천성(天性)인 밝은 덕, 즉 참 '나'가 발현 상태입니다. 따라서 미현천유(微顯闡幽)와 극기복례(克己復禮)가 둘이 아님을 알 수 있습니다.

주역은 인간의 삶을 길흉회린(吉凶悔吝)의 네 단계로 대별하여 진단합니다. 길(吉)은 음양화평을 이뤄 안정되고 행복한 상태입니다. 흉(凶)은 음양이 태과불급함에 따라 온갖 허물이 생겨난 불안정한 상태입니다. 회(悔)는 흉(凶)함을 알아차리고 미현천유(微顯闡幽)함으로써 길(吉)로 나가는 흉변길(凶變吉)의 상태입니다. 린(吝)은 흉(凶)을 흉(凶)으로 알아차리지 못한 채, 자신과 자신을 둘러싸고 있는 상황에 집착하며 개선하려는 어떤 의지도 없는 아집(我執) 법집(法執)의 상태를 말합니다. 중정무구한 대인이 되어 천지자연의 운행 이치에 따른 음양 화평의 길(吉)한 삶 즉, 순천(順天)의 행복한 삶을 누리는 것이 주역의 궁극임을 알 수 있습니다.

제4장. 대학의 8조목

古之欲明明德 於天下者 先治其國

欲治其國者 先齊其家 欲齊其家者 先修其身

欲修其身者 先正其心 欲正其心者 先誠其意

欲誠其意者 先致其知 致知在格物.

物格而後知至 知至而後意誠 意誠而後心正

心正而後身修 身修而後家齊 家齊而後國治 國治而後天下平.

自天子 以至於庶人 壹是皆以修身爲本.

其本亂 而末治者 否矣

其所厚者 薄 而其所薄者 厚 未之有也

예전에 밝은 덕을 온 세상에 밝히고자 하는 자는 먼저 나라를 다스
리고, 나라를 다스리고자 하는 자는 먼저 가정을 가지런히 하고, 가정

을 가지런히 하고자 하는 자는 먼저 자신의 몸을 닦고, 몸을 닦고자 하는 자는 먼저 마음을 바르게 하고, 마음을 바르게 하고자 하는 자는 먼저 그 뜻을 성실하게 하고, 뜻을 성실하게 하고자 하는 자는 먼저 그 앎을 극진히 했다. 앎을 극진히 함은 사물에 감통(感通)하는 데 있다.

사물에 감통한 이후에 앎이 극진해지고, 앎이 극진해진 이후에 뜻이 성실해지고, 뜻이 성실해진 이후에 마음이 바르게 되고, 마음이 바르게 된 이후에 몸이 닦아지고, 몸이 닦아진 이후에 가정이 가지런해지고, 가정이 가지런해진 이후에 나라가 다스려지고, 나라가 다스려진 이후에 천하가 태평해진다.

천자에서부터 서민에 이르기까지 모두가 하나같이 수신을 근본으로 삼아야 한다. 근본이 어지러움에도 불구하고, 말단이 다스려지는 일은 없다. 두텁게 할 것을 엷게 하면, 엷은 것이 두터워지는 일은 있지 않을 것이다.

1. 8조목

 밝은 덕을 밝히는 명명덕(明明德)은 대학의 핵심 골수이자, 처음과 끝을 관통하는 전부입니다. 따라서 밝은 덕을 밝혔다면, 더 이상의 가르침이 없어도 무방합니다. 모든 철학, 종교 등 그 어떤 말과 고준한 가르침도 친민(親民)과 지어지선(止於至善)을 위해 '밝은 덕'에서 발현된 방편설(方便說)에 지나지 않기 때문입니다. 그리고 밝은 덕을 밝히지 못했다면, 친민(親民)과 지어지선(止於至善)은 언급할 필요조차 없습니다. 반면에 밝은 덕을 밝혔다면 온통 친민(親民)과 지어지선(止於至善)으로 마음이 향할 수밖에 없습니다. 밝은 덕을 밝힌 군자(君子)가 친민(親民)과 지어지선(止於至善)에 모든 관심을 기울일 수밖에 없는 것은, 친민(親民), 지어지선(止於至善)이 명명덕(明明德)의 연장선인 동시에 최종 귀착지(歸着地)이기 때문입니다. 결국 명명덕(明明德), 친민(親民), 지어지선(止於至善)은 셋이면서 하나인 셈입니다.

 이 같은 맥락에서 대학의 가르침은 명명덕(明明德), 친민(親民), 지어지선(止於至善)의 3대 강령과 그를 위한 실천적 방법론인 지정정안려득(止定靜安慮得)만으로도 이미 충분합니다. 세상 만물의 근본과 말단 및 세상 모든 일의 시작과 끝 등 선후(先後)를 알아야 도(道)에 가깝다는 말부터는 친절한 사족입니다. 그럼에도 불구하고 '지소선후(知所先後) 즉근도의(則近道矣)'에 이어 3대 강령을 다시 8조목으로 세분하여 확장한 것은 어떤 까닭일까요? 대학의 8조목인 격물(格物), 치지(致知) 성의(誠意), 정심(正心), 수신(修身), 제가(齊家), 치국(治國), 평천하(平天下)는 어떤 의미이고, 3대 강령인 명명덕(明明德), 친민(親民), 지어지선(止於至善)과는 어떻게 연계되는지 하나하나 살펴보겠습니다.

1) 평천하 및 치국

(1) 고지욕명명덕(古之欲明明德) 어천하자(於天下者)

'옛날에 밝은 덕을 천하에 밝히려고 하는 자'라는 말입니다. 옛날이란 단순히 대학이 저술되던 당시보다 앞선 시간대를 말하려는 것이 아닙니다. 눈앞의 이득만을 좇는 소인배적인 삶보다, 인의(仁義)에 뿌리를 내리고 하늘의 뜻을 따르는 순천(順天)의 삶이 유지됐던 과거를 의미하는 말입니다. 밝은 덕을 천하에 밝혔다면 대학의 8조목 중 마지막인 평천하(平天下)가 이뤄진 것이고, 대학의 3대 강령 중 마지막인 지어지선(止於至善)이 구현된 것입니다.

(2) 선치기국(先治其國)

'먼저 나라를 다스린다'는 말입니다. 밝은 덕을 밝힘으로써 태평천하(太平天下)를 이룩하기 위해선 나라를 잘 다스리는 일이 전제돼야 한다는 뜻으로, 모두가 살기 좋은 행복한 세상을 건설하는 선후(先後)를 밝힌 것입니다. 기초 공사를 하지 않고 1층을 짓고, 1층을 짓지 않고 2층을 짓는 것은 있을 수 없는 일이기 때문입니다.

2) 제가 및 수신

(1) 욕치기국자(欲治其國者) 선제기가(先齊其家)

'나라를 다스리고자 하는 자는 먼저 가정을 가지런히 하라'는 말입니다. 나라보다 규모가 작은 가정도 잘 돌보지 못하면서 나라를 다스리려고 하는 것은 걷지도 못하는 자가 하늘을 날려는 짓과 같습니다. 명예욕과 권력욕에 눈이 먼 채, 정치적 야망을 불태우는 자들은 패가망신(敗家亡身)의 수렁으로 빠져들 뿐입니다. 가정과 국가의 본말과 선후를 외면한 채, 자기 자신은 물론 가정과 국가를 망치는 생각과 말과 행동을 멈추고 그치는 것, 이것이 바로 명명덕(明明德)이고 극기복례(克己復禮)로서 군자(君子)가 가야 할 길입니다.

(2) 욕제기가자(欲齊其家者) 선수기신(先修其身)

'가정을 가지런하게 하고자 하는 자는 먼저 자신의 몸을 잘 닦으라'는 말입니다. 국가를 경영하는 일보다 가정을 가지런히 하는 일이 우선이듯, 가정을 가지런히 하는 일보다 자신의 몸을 닦는 것이 먼저임을 밝힌 것입니다. 막행막식(莫行莫食)함으로써 제 몸 하나도 잘 돌보지 못하고 건강을 잃은 자가 가정을 가지런히 한다는 것은 쉽지 않은 일입니다. 가정을 더 어지럽게 만들지만 않아도 다행이기 때문입니다.

3) 정심 및 성의

(1) 욕수기신자(欲修其身者) 선정기심(先正其心)

'수신을 하고자 하는 자는 먼저 그 마음을 바르게 해야 한다'는 말입니다. 마음이 바르지 않으면 바르게 생각하고, 바르게 말하고, 바르게 행동하는 것이 쉽지 않습니다. 저울이 무게를 재기 위해선 0점 조정이 되어 있어야 합니다. 그렇지 않으면 정확한 무게를 잴 수 없듯이, 마음도 마찬가지입니다. 마음이 바르지 않으면 몸을 잘 돌보고 건강을 유지하고 회복하는 일들이 어렵습니다.

마음이 바르지 않으면, 막행막식(莫行莫食)할 수밖에 없습니다. 막행막식은 몸을 혹사시킴으로써 건강을 약화시키게 됩니다. 그리고 마음이 바르지 못하면, 건강이 나빠진 후에도, 건강회복을 위한 노력이 부진하기 쉽습니다. 뿐만 아니라, 잘못된 건강 상식 등에 노출됨으로써 약을 오남용하여 건강의 악화를 초래할 가능성도 큽니다. 이 같은 까닭에 몸을 잘 돌봄으로써 건강을 회복하고, 유지하고, 증진하는 등

수신(修身)을 위해선 먼저 그 마음을 바르게 하는 정심(正心)은 필연 (必然)일 수밖에 없습니다.

(2) 욕정기심자(欲正其心者) 선성기의(先誠其意)

'마음을 바르게 하고자 하는 자는 먼저 그 뜻을 성실하게 하라'는 말 입니다. 성(誠)은 언(言)과 성(成)의 합자(合字)로 말과 행동이 어긋남 없는 언행일치(言行一致)를 의미합니다. 따라서 성의(誠意)는 표리부 동(表裏不同)한 소인배와 달리 아는 바대로, 의도하는 대로 말하고 행 동하는 지행합일(知行合一) 및 의행합일(意行合一)을 의미합니다. 자 신의 앎과 생각을 당당하게 말하고 실천에 옮길 수 있는 것은 그 앎과 생각이 지공무사하며 지극히 올바르기 때문입니다. 경솔함과 망상(妄 想) 및 모든 사리사욕(私利私慾)을 벗어난 까닭에, 언제 어디서나 자 신이 할 수 있고 해야 되는 최선의 말과 행동을 후회 없이 할 뿐입니 다. 세상 만물의 본말과 세상일의 시작과 끝 등 선후를 잘 알아서, 자 신이 처한 상황에 들어맞는 시의적절(時宜適切)한 말과 행동을 하기 때문에 법도(法度)에 어긋남이 없고, 마음이 일그러지거나 불편할 일 이 없습니다. 성의(誠意)가 정심(正心)의 전제 조건이 되는 까닭입니 다.

4) 격물 및 치지

(1) 욕성기의자(欲誠其意者) 선치기지(先致其知)

'뜻을 성실하게 하고자 하는 자는 먼저 그 앎을 극진(極盡)히 해야 한다'는 말입니다. 치지(致知)는 대개 '지식을 완전하게 함' '완전한 앎에 이름' 등으로 풀이되고 있습니다. 격물(格物)과 치지(致知)를 함께 묶어서 '사물의 이치를 끝까지 파고 들어감으로써 앎에 이른다'고 두리뭉실하게 설명하는 주자학파(朱子學派)들의 견해가 일반적입니다. 그러나 주자학파의 해석은 명덕(明德)을 밝히지 못한 채, 봉사가 코끼리를 더듬는 것처럼 머릿속의 온갖 생각들을 이리저리 짜 맞춘 뒤, 아는 소리를 한 것에 지나지 않습니다. 치지(致知)는 실험실에서 이리저리 쪼개고 분석하여 실험 대상에 대한 온갖 것들을 알아낸 뒤, 앎에 이르렀다고 하는 것과는 근본적으로 다릅니다.

앞에서 치지(致知)를 앎을 극진(極盡)히 하는 것으로 풀이했습니다. 앎을 극진히 하고, 그 앎이 극진해진다는 것은 앎이 다한다는 뜻입니다. 치(致)는 이르다, 내던지다, 맡기다, 바치다, 끝까지 다하다, 도달하다는 뜻입니다. 따라서 치지(致知)를 앎에 이르다, 앎을 내던지다, 앎이 다하다 등으로 풀이한다고 해서 문제될 것은 아무것도 없습니다. 다만 앎에 이르고, 앎을 내던지고, 앎이 다한다고 표현한 속 까닭이 중요할 뿐입니다. 오랜 세월 유학자들 간에 그 해석을 놓고 의견이 분분했던 치지(致知)의 적실(的實)한 속뜻은 무엇일까요? 대학 8조목의 첫 단추인 격물(格物)의 의미를 명확히 한다면, 치지(致知)에 은밀(隱密)하게 내포돼 있는 진실이 무엇인지 명확하게 밝히는 것은 어렵지 않을 것입니다.

(2) 치지재격물(致知在格物)

치지(致知)가 격물(格物)에 있다는 말입니다. 구름이 걷히면 햇빛이 빛나는 것은 당연한 이치입니다. 햇빛이 빛나는 순간이란 바로 구름이 걷힌 순간이기 때문입니다. 이와 마찬가지로 격물(格物)이 치지(致知)고, 치지(致知)가 격물(格物)인 것을 치지재격물(致知在格物)이라고 표현한 것뿐입니다.

격물(格物)은 어떤 의미일까요? 일반적으로 통용되는 사전적 의미처럼, 사물의 이치를 연구하는 것이 격물(格物)일까요? 격물은 물(物)에 격(格)한다는 말입니다. 격(格)한다는 것은 대상적(對象的) 사물의 이치를 연구하는 것이 아니라, 대상(對象)에 감통(感通)해, 그 대상과 하나로 합일(合一) 되는 것을 말합니다. 따라서 격물(格物)이란 사량분별(思量分別)로 이리저리 더듬어서 알 수 있는 경지가 아닙니다. 오직 지정정안(止定靜安)을 통해 밝은 덕을 밝히는 순간, 저절로 증득되는 주객일체(主客一體) 내지 물아일체(物我一體)의 경지일 뿐입니다. 이 같은 설명 또한, 밝은 덕을 밝히기 전에는 하나의 말로써 달을 가리키는 손가락일 뿐입니다.

　인식 주체와 인식 객관이라는 상대적 이원의 세계를 벗어나 주객 (主客)이 둘이 아닌 절대적 일원의 세계에 이르는 격물(格物)이 곧 대상에 대한 앎이 다하는 치지(致知)일 수밖에 없는 것은 너무나 당연한 이치입니다. 대상적 사물에 감통하여 앎이 다한다는 의미의 격물치지 (格物致知)는 지정정안(止定靜安)에 따른 명명덕(明明德)이며, 나를 이기고 예로 돌아가는 극기복례(克己復禮)며, 중용의 가르침인 희로애락(喜怒哀樂)이 일어나기 전의 중(中)과 다르지 않음을 알 수 있습니다. 불교에서 말하는 인식 주체인 아(我)와 인식 대상인 법(法)이 함께 돈망(頓忘)한 아공(我空) 법공(法空)의 유식무경(唯識無境) 또한 격물치지(格物致知)와 일맥상통함을 알 수 있습니다.

　격물치지(格物致知) 즉, 대상과 감통해 앎이 다한 주객일체(主客一體)가 되면 마치 바윗돌처럼 아무것도 모르게 되는 것일까요? 이미 밝혔듯이 지정정안(止定靜安)이면 능히 생각하고, 터득하고, 얻을 수 있는 려득(慮得)이 저절로 이루어집니다. 격물치지(格物致知)를 통해 하늘의 신령스러움을 온전히 갈무리하고 있는 우리의 본심(本心) 즉, 명덕(明德)을 밝히기만 하면 세상 만물의 본말(本末)과 세상사의 시종 (始終) 등 선후(先後)에 딱 들어맞는 지혜롭고 조화로운 삶을 누리게 됩니다. 적적성성(寂寂惺惺 고요하면서도 또렷또렷함), 공적영지(空寂靈知

텅 비어 고요하면서도 신령스럽게 앎), 허령지각(虛靈知覺 텅 비어 신령스럽게 지각

함), 사려미맹 지각불매(思慮未萌 知覺不昧 생각이 싹트지 않았음에도 지각함

이 전혀 어둡지 않음) 등이 모두 앎이 다한 진정한 앎 즉, 격물치지(格物致

知)를 드러낸 가르침입니다.

2. 8조목과 3대 강령

천하에 밝은 덕을 밝히기 위해선 먼저 나라를 다스리고, 나라를 다스리기 위해선 먼저 가정을 가지런히 하고, 가정을 가지런히 하기 위해선 먼저 몸을 잘 돌보고, 몸을 잘 돌보기 위해선 먼저 마음을 바르게 하고, 마음을 바르게 하기 위해선 먼저 뜻을 성실히 하고, 뜻을 성실히 하기 위해선 먼저 앎을 극진히 하고, 앎을 극진히 하는 것은 사물과 감통(感通)함에 있음을 알아봤습니다. 이번엔 그 순서를 뒤집어서 대학의 8조목을 다시 한번 더 살펴보는 한편, 8조목과 3대 강령이 어떻게 연계되는지도 함께 알아보겠습니다.

격물이후지지(物格而後知至) 지지이후의성(知至而後意誠) 의성이후심정(意誠而後心正) 심정이후신수(心正而後身修) 신수이후가제(身修而後家齊) 가제이후국치(家齊而後國治) 국치이후천하평(國治而後天下平) 은 앞서 살펴보았던 내용과 순서만 바뀌었을 뿐, 그 내용은 동일합니다. 격물 이후에 앎이 극진해지고, 앎이 극진해진 이후에 뜻이 성실해지고, 뜻이 성실해진 이후에 마음이 반듯해지고, 마음이 반듯해진 이후에 몸을 닦고, 몸을 닦은 이후에 가정을 가지런히 하고, 가정을 가지런히 한 이후에 나라를 다스리고, 나라를 다스린 이후에 천하가 태평해진다는 말입니다.

　격물(格物), 치지(致知), 성의(誠意), 정심(正心)은 밝은 덕을 밝히는 명명덕(明明德)을 세분화한 것입니다. 그리고 수신(修身) 제가(齊家) 치국(治國)은 친민(親民)을 셋으로 나눈 것입니다. 8조목의 마지막인 천하에 밝은 덕을 밝히는 평천하(平天下)는 지어지선(止於至善)에 해당됨을 알 수 있습니다.

3. 대학과 상원갑자

  대학 경문의 마지막은 천자에서부터 서민에 이르기까지 모두가 다 함께 몸과 마음을 바르게 닦는 수신을 근본으로 삼아야 함을 천명하고 있습니다. 눈앞의 이득을 좇는 물질문명 위주의 삶이 아니라, 인의(仁義)를 근본으로 하는 정신문화를 활짝 꽃피워야 함을 강조하는 가르침입니다.

  2044년부터 상원갑자(上元甲子) 시대가 펼쳐집니다. 이때부터 인공지능의 실용화가 활발해짐에 따라 편리 위주의 물질문명은 지금보다 더욱더 발달할 것이고, 인간의 평균 수명 또한 연장될 것은 쉽게 예측할 수 있습니다. 인공지능의 발달로 경제 활동에 소요되는 시간은 대폭 줄어들 것이고, 그에 따른 잉여(剩餘) 시간이 생겨날 것입니다. 수명 연장 및 시간적 여유는, 존재계가 밝은 덕을 밝히라고 인간에게 주는 최고의 선물인 동시에 지엄한 명령입니다.

  특히 2024년부터 2043년까지 20년 동안, 전 인류는 밝은 덕을 밝히는 우주적 소명을 완수하는 데 매진함으로써 새로운 상원갑자 시대를 예비해야 합니다. 이를 위해 2023년까지 새 시대의 정신문화를 활짝 꽃피우는 데 앞장설 '도덕군자', '미륵보살', '적은 무리'들이 대거 출세해야 합니다. 그리고 그와 같은 역할을 담당할 주인공이 따로 있는 것이 아닙니다. 각자 각자가 상원갑자 시대의 주인공이 돼야 합니다. 이 같은 가르침을 설파하고 있는 구절들을 살펴보면서 대학 선해(禪解)를 마치겠습니다.

자천자(自天子) 이지어서인(以至於庶人) 일시개이수신위본(壹是皆以修身為本)은 천자에서부터 서민에 이르기까지 모두가 하나같이 명덕을 밝히고 몸을 닦는 일을 근본으로 삼아야 한다는 말입니다.

기본란이말치자불의(其本亂而末治者否矣)는 기본이 어지러운데 말단이 다스려질 리가 없다는 말입니다. 기본이 갖추어지지 않은 채, 어지럽다면 그 말단이 다스려질 수 없음은 당연합니다. 1층을 짓지 않은 채, 2층 3층을 짓는다는 것은 불가능한 일이기 때문입니다.

기소후자박(其所厚者薄) 이기소박자후(而其所薄者厚) 미지유야(未之有也)는 두터운 것이 엷고, 엷은 것이 결코 두터울 수 없다는 뜻입니다. 명덕을 밝힘으로써 그 근본이 바로 선 사람은 바른 생각, 바른 말, 바른 행동을 하게 되며, 명덕을 밝히지 못해 그 근본이 어지러운 사람은 그른 생각, 그른 말, 그른 행동을 할 수밖에 없습니다. 따라서 그 근본이 두터운데 엷은 삶을 살거나, 그 근본이 엷은데 두터운 삶을 사는 일은 있을 수 없다는 뜻입니다. "하얀 꽃 핀 것은 파 보나 마나 하얀 감자, 자주 꽃 핀 것은 파보나 마나 자주감자"인 까닭입니다.

결국 밝은 덕을 밝혀야만 비로소 세상 만물의 본말(本末)과 세상사의 시종(始終) 등 선후(先後)를 잘 알 수 있고, 도(道)에 가까워질 수 있음을 재차 강조한 말입니다. 대학의 시작이자, 핵심 골수인 명명덕(明明德)을 다시 한번 확연하게 드러내는 한편, 격물, 치지, 성의, 정심, 수신, 제가, 치국, 평천하의 차서(次序)를 재차 강조한 것이 대학 경문의 마지막 가르침임을 알 수 있습니다.

제2부

중용
(中庸)

중용을 읽기 전에

  중용(中庸)은 대학, 논어, 맹자와 함께 사서(四書)의 하나입니다. 중용은 본래 예기(禮記) 49편 가운데 31편이었으며, 저자는 공자의 손자며 증자의 제자인 자사(子思)인 것으로 알려지고 있다. 중용이 유학의 핵심 경서인 사서삼경(四書三經)의 하나가 될 수 있었던 것은 대학과 마찬가지로 주자(朱子)가 예기 31편을 사서에 편입시키면서부터다. 중용(中庸)은 천하의 근본이 되는 희로애락이 일어나기 전의 중(中)을 넘치거나 모자람 없이, 어느 한편으로도 치우침이 없이 절도에 딱 들어맞게 씀을 의미한다. 중용은 총 33장으로 구성돼 있다. 그러나 이 책에서는 중용의 모든 장을 다루지 않고 핵심 골수가 되는 부분만을 발췌·요약했다. 중용의 가르침은 그 본질에 있어서 대학의 가르침과 전혀 다르지 않다. 이 같은 까닭에, 대학의 구절을 인용해 설명을 대체하거나 필요한 경우는 간략한 해설을 덧붙였다.

1. 성(性), 도(道), 교(敎)

天命之謂性(천명지위성) 率性之謂道(솔성지위도)
修道之謂敎(수도지위교)

하늘이 명한 것을 성이라 하고, 성을 따르는 것을 도라 하고, 도를
닦는 것을 교라 한다.

- 선해 -

하늘이 명(命)한 것을 성(性)이라 한다는 것이 어떤 의미일까요? 이
의미를 이해하기 위해선 먼저 하늘이 무엇인지 알아야 합니다.

중용에서 말하는 하늘은, 온통이고 전부인 까닭에 크고 넓어서 미치
지 않는 곳이 없는 '**하나**'로 이 세상을 존재케 하는 근원자적 존재를 말
합니다. 오직 하나인 까닭에 무한소(無限小)와 무한대(無限大)를 모두
아우르며, 무시무종(無始無終)하고 무소부재(無所不在)한 하늘은 '**훈**',
'**한울**', '**하느님**' 등으로도 불리고 있습니다.
하늘의 의미는 삼일신고의 첫 가르침인 천훈(天訓)에 특히 잘 나타

83

나 있습니다.

蒼蒼非天(창창비천) 玄玄非天(현현비천) 天无形質(천무형질) 無端倪(무단예) 无上下四方(무상하사방) 虛虛空空(허허공공) 无不在(무부재) 无不容(무불용)

저 푸른 것이 하늘 아니며, 저 가물가물한 것이 하늘이 아니니라. 한울은 형체도 바탕도 없고, 시작도 끝도 없으며, 위아래 사방도 없고, 겉도 속도 다 텅 비었고, 어디나 있지 않은 데가 없으며, 무엇이나 싸지 않은 것이 없느니라.

이상에서 살펴본 것처럼, 시간과 공간을 초월해 있는 오직 '하나'뿐인 존재 즉, 무시무종(無始無終)하고 무소부재(無所不在)하며 전지전능(全知全能)한 존재가 바로 하늘입니다. 그리고 이 같은 하늘의 성품이 인간의 내면에 그대로 갈무리돼 있다는 사실을, 중용은 '하늘이 명한 것을 성이라 한다'는 가르침을 통해 밝히고 있습니다. 결국 하늘이 명한 성(性)이란, 하늘의 뜻이며 하늘의 생명인 동시에 태양처럼 높고 밝게 빛나는 인간의 본심(本心) 즉, 대학의 명덕(明德)과 다르지 않음을 알 수 있습니다.

대학은 곧바로 명덕(明德)을 밝히라는 가르침으로 시작됩니다. 반면에 중용은 '하늘이 명한 것을 성이라 한다'고 천명한 뒤, 하늘의 뜻인 성(性)을 따라 천지자연을 운행하는 것을 도(道)라 명명하고 있습니다. 그리고 매 순간 생각하고 말하고 행동하는 것이 천지자연의 이법(理法)인 도(道)를 거스르는 일이 없도록 하는 일련의 행위 즉, 도(道)를 닦는 것을 교(敎)라 한다며 천(天)과 성(性)과 도(道)와 교(敎)를 구분해서 설명하고 있습니다. 그러나 이는 도학(道學)에 대한 이해를 돕기 위한 방편설일 뿐입니다. 고정불변의 실체로서 천(天)과 성(性)과 도(道)와 교(敎)가 각각 별개로 존재한다는 말로 알아들어선 안 됩니다. 이 점을 분명하게 짚고 넘어가야만 중용이 말하고자 하는 본뜻에 계합(契合)할 수 있습니다.

대학이 곧바로 밝은 덕을 밝히는 명명덕(明明德)의 가르침을 드러낸 것과 달리, 중용은 하늘이 명한 성(性)을 말한 뒤, 그 성(性)을 따르는 솔성(率性)의 도(道)를 말하고 있습니다. 하늘의 뜻에 따라 하늘의 생명으로 천지자연을 운행하고 화육하는 것이 바로 도(道)입니다. 그러나 명덕(明德)을 밝히기 전에는 무엇이 하늘이 명한 성(性)을 따르는 도(道)인지 알 수 없습니다. 따라서 스스로가 명덕(明德)을 밝히기 전에는 명덕을 밝힌 성현의 가르침을 믿고 의지하면서 따르고 배울 수밖에 없습니다. 따라서 성현의 가르침에 의지하여 하늘이 명한 성(性)을 따르는 도(道)에 어긋나지 않고 끝내 도(道)와 하나 되기 위한 모든 노력이 바로 도를 닦는 수도(修道)이며 교(敎)임을 알 수 있습니다. 불교적 표현을 빌리면, 부처님의 가르침을 믿고 의지함으로써 불법의 이치를 공부하는 법등명(法燈明) 및 실참실오를 통해 자신의 내면에서 항상 밝게 빛나고 있는 불성(佛性)인 밝은 덕을 밝히는 자등명(自燈命)이 수도(修道)며 교(敎)인 셈입니다.

명덕을 밝힌 성현의 가르침을 믿고 의지하며, 따르고 배움으로써 성(性)과 도(道)의 이치에 확연하게 되면 본격적으로 도(道)를 닦아서 하늘이 명한 성(性) 즉, 명덕(明德)을 밝혀야 합니다. 명덕을 밝히고 나면 인연 닿는 모든 사람들이 명덕을 밝힐 수 있도록 홍익인간(弘益人間)하는 친민(親民)의 길을 갈 수밖에 없음은 당연합니다. 이처럼 이치적인 알음알이에 그치지 않고 실참실오를 통해 자신이 먼저 명덕을 배우고, 명덕을 밝힌 뒤, 친민의 길을 가는 것까지를 포함한 것이 중용이 말하는 수도지위교(修道之謂敎)입니다. 결국 중용의 수도(修道)의 교(敎)는 대학의 명명덕(明明德) 및 친민(親民)과 그 표현만 차이를 보일 뿐, 다르지 않음을 알 수 있습니다. 모든 사람에게 하늘이 명한 내면의 밝은 성품이 밝게 빛나고 있음을 배워 알고, 도(道)를 닦아서 명덕(明德)을 확연하게 밝힌 뒤, 자신뿐 아니라 천하의 모든 사람들이 도를 닦고 명덕을 밝힐 수 있도록 하늘의 이치를 가르치고 전하는 친민(親民)이 대학 및 중용을 하나로 관통하는 큰 줄기이기 때문입니다.

이 같은 맥락에서 맹자는 다음과 같이 역설하고 있습니다.

中也養不中(중야양불중) 才也養不才(재야양불재)
故(고) 人樂有賢父兄也(인락유현부형야).

중용을 이룬 사람은 중용에 이르지 못한 사람을 길러 줘야 한다. 재능이 있는 사람은 재능이 없는 사람을 길러 줘야 한다. 이 같은 까닭에 사람들은 현명한 부모와 형제를 둔 것을 기뻐한다.

2. 도(道)와 신독(愼獨)

道也者(도야자) 不可須臾離也(불가수유리야). 可離(가리) 非道也(비도야). 是故(시고) 君子(군자) 戒愼乎其所不睹(계신호기소부도) 恐懼乎其所不聞(공구호기소불문). 莫見乎隱(막견호은) 莫顯乎微(막현호미). 故(고) 君子愼其獨也(군자신기독야).

도라는 것은 잠시도 떠날 수 없는 것이다. 떠날 수 있는 것이라면 도가 아니다. 그러므로 군자는 보이지 않는 바를 경계하고 조심하며, 들리지 않는 바를 두려워한다. 숨어 있는 것보다 더 잘 보이는 것은 없고, 미미한 것보다 더 잘 드러나는 것은 없다. 그러므로 군자는 홀로 있을 때 조심한다.

- 선해 -

"도(道)라는 것은 잠시도 떠날 수 없는 것이며, 떠날 수 있다면 도(道)가 아니라는 것"은 어떤 뜻일까요? 도(道)의 무시무종(無始無終)하고 무소부재(無所不在)함을 밝힌 말입니다. 도(道)는 능소능대(能小能大)하면서도 부증불감(不增不減)하고 불구부정(不垢不淨)한 불생불멸

(不生不滅)의 존재로, 하늘의 뜻이며 하늘의 생명인 성(性)의 작용이라는 말입니다.

중용은 하늘이 있고, 하늘이 명한 성이 있고, 성을 따르는 도가 있고, 도를 닦는 교가 있다는 가르침으로 시작합니다. 그러나 하늘, 성, 도, 교는 고정불변의 실체가 아닙니다. 달을 가리키는 손가락처럼, 무시무종(無始無終)하고 무소부재(無所不在)한 하늘 즉, 명덕(明德)을 밝힐 수 있도록 이끄는 말일 뿐, 실상(實相)은 하늘이 성이고, 성이 도고, 도가 교입니다. 하늘, 성, 도, 교뿐 아니라 우주 삼라만상 모두가 오직 하나인 하늘의 발현(發顯)이기 때문입니다. 따라서 천명지위성(天命之謂性)을 '하늘이 명한 것을 성이라고 한다'고 풀이할 수도 있겠지만, '하늘의 생명을 성이라고 한다'고 풀이해도 무방할 것입니다.

이러한 모든 설명들이 우주의 근원자적 존재인 '하나' 즉, 명덕을 밝히도록 이끌어 주기 위한 방편설일 뿐입니다. 오직 하나인 하늘, 명덕, 도는 인식하고 설명하고 지시할 수 있는 대상이 될 수 없는 까닭에 '하나'를 지칭하는 모든 말은 '담배 끊는 담배'며 이독제독(以毒除毒)을 위한 방편설일 뿐입니다. 이 같은 맥락에서 공자님께서는 일찍이 사달이이의(辭達而已矣) 즉, 말은 뜻을 전달하기 위한 수단으로서 서로 간 약속된 부호일 뿐임을 역설하신 바 있습니다. 도덕경 또한 첫 구절인 도가도비상도(道可道非常道)를 통해 '하나'를 도(道)라고 할 수도 있지만 항상 도(道)라고 해야 하는 것이 아님을 분명하게 밝히고 있습니다. 불교의 선가(禪家)에서는 '뜰 앞의 잣나무'나 '똥 막대기'란 말로써 명덕을 밝히고 증득(證得)하도록 이끌기도 합니다. 체(体)와 용(用), 무극(無極)과 태극(太極), 무심(無心)과 일심(一心), 이(理)와 기(氣) 등 모든 말들이 대동소이합니다. 우주의 근원자적 존재인 '하나'의 개념을 정확히 안 연후에 그 앎이 다함에 따라 명덕(明德)을 밝히게 됨으로써, 그 '하나'와 온전히 합일(合一)되도록 이끌기 위한 방편설이라는 점에서는 전혀 다를 바가 없습니다.

"군자는 보이지 않는 바를 경계하고 조심하며, 들리지 않는 바를 두려워한다."는 것은 어떤 의미일까요? 단순하게 군자는 누군가 타인이 보고 들을 때나, 보고 듣지 않을 때나 한결같아야 함을 강조한 단순한 가르침으로 이해할 수도 있습니다. 그러나 이 구절을 누군가 타인이 보고 듣지 않을 때도 조심하고 삼가 함으로써, 바른 말과 바른 몸가짐을 하라는 것으로만 이해하면 그 효능이 현저히 감소됩니다. '보이지 않고, 들리지 않는바'란 누군가가 보고 듣지 않는 것보다 한 차원 더 깊은 것으로, 말과 행동으로 드러나기 이전의 머릿속 생각의 기미(幾微)를 의미하기 때문입니다. 누군가가 보고 듣는 것이 문제가 아니라, 그릇된 생각이 일어나는 것을 경계하고 조심할 수 있어야 비로소 군자라는 말입니다. 예수님의 말씀처럼 "여자를 보고 음욕을 품는 자마다 이미 간음한 것"이기 때문이며, 운문선사님의 말씀처럼 "한 생각을 일으키는 것이 죄"가 되는 까닭입니다. 인간이 할 수 있는 세 가지는 생각과 말과 행동이며, 마음의 1차적 작용이 생각이고 생각에 따른 마음의 2차적 작용이 말과 행동입니다. 따라서 매 순간 삼가 바른 생각을 해야지만, 바른 말과 바른 행동이 가능함은 당연합니다.

"숨어 있는 것보다 더 잘 보이는 것은 없고, 미미한 것보다 더 잘 드러나는 것은 없다"는 것은 어떤 의미일까요? 보이지 않고 들리지 않는 바를 경계하고 조심하고 두려워한다는 것은 매 순간 깨어 있다는 말입니다. 매 순간 깨어 있는 까닭에 말하고 행동하기 전에 머릿속에서 일어나는 생각들을 하나도 놓치지 않고 알아차리게 됩니다. 이처럼 내면 깊숙이 똬리를 틀고 숨어 있는 업식(業識)의 작용인 생각들을 낱낱이 알아차리게 되는 것을 '숨어 있는 것보다 더 잘 보이는 것은 없다'고 표현한 것입니다. 莫見乎隱(막견호은)에서 '見'을 굳이 보고 보인다는 의미의 견이 아니라, 나타날 현이라야 한다며 뭔가 현이라고 해야만 특별하고 심오한 의미를 내포하는 듯 주장하는 해석도 있습니다. 그러나 보았다면 이미 나타난 것이고, 나타났으니 보고 보이는 것일 뿐입니다. 따라서 '見'을 어떻게 해석해도 문장의 본뜻과는 별 차이가 없습니다. 온전하게 깨어 있음으로 인해, 습관적으로 일어나는 생각들을 하나도 놓치지 않고 알아차림으로써, 그 생각에 휩싸이는 일이 없도록 하는 것이 신독(愼獨)의 본령이기 때문입니다. 어두울 때는 보이지 않다가 한 줄기 밝고 환한 햇빛이 비추면 온갖 먼지들이 자욱

한 것이 그대로 드러나 보이듯, 우리의 마음이 온전히 깨어서 맑고 밝음을 유지하기만 하면 습관적으로 일어나는 온갖 생각들이 낱낱이 드러나 보이게 된다는 것이 莫見乎隱(막견호은)입니다.

언제 어디서나 업식이 일으키는 생각을 알아차리고 마음을 챙김으로써, 더 이상 생각들이 꼬리에 꼬리를 물면서 앞생각에 뒷생각이 끌려다니지 않게 되면 희로애락(喜怒哀樂)이 일어나기 전의 중(中) 즉, 하늘이 명한 내면의 신령스런 성품인 명덕(明德)이 환하게 드러나게 됩니다. 구름이 사라지면 잘 보이지 않고 미미하던 태양이 환하게 드러나듯, 업식이 일으키는 온갖 생각들이 잠잠해지면 비로소 미미하던 명덕(明德) 즉, 중이(中) 발현되기 시작합니다. 이것을 莫顯乎微(막현호미), 즉 '미미한 것보다 더 잘 드러나는 것은 없다'고 표현한 것입니다.

신기독야(愼其獨也) 즉, 홀로 있을 때 조심한다는 것은 명덕(明德)을 밝히기 위한 대학의 지정정안(止定靜安) 수행법 중 정안(靜安) 수행과 일맥상통합니다. 누군가 보고 듣는 것과 상관없이, 언제 어디서나 마음이 대상 경계를 쫓아 작용하는 것을 놓치지 않고 낱낱이 비춰 보는 반야심경의 '조견오온'(照見五蘊) 및 달마조사의 '관심일법'(觀心一法)과도 다르지 않습니다. 항상 깨어서 이리저리 날뛰는 마음의 고삐를 다잡으라는 화엄경의 가르침인 상섭심(常攝心)과도 다르지 않음을 알 수 있습니다.

　혹시라도 하는 노파심에서 첨언하자면, **군자신기독야**(君子愼其獨也)를 '군자는 홀로 있는 것을 삼간다'고 해석한 뒤, 군자는 대중과 괴리된 채, 홀로 높은 곳에서 고고하게 사는 것이 아니라, 항상 대중들과 함께 호흡하며 대중 속에 있어야 한다는 의미로 살짝 비틀어서 곡해하는 일은 없어야 합니다. 군자가 대중들을 외면함 없이, 대중들과 함께하며 낮은 곳으로 임하는 것은 당연하고 유의미한 일이긴 하지만, 중용의 '군자신기독야'란 구절이 말하고자 하는 본뜻과는 다소 무관하기 때문입니다.

3. 중(中) 그리고 화(和)

喜怒哀樂之未發(희로애락지미발) **謂之中**(위지중). **發而皆中節**(발이개중절) **謂之和**(위지화). **中也者**(중야자) **天下之大本也**(천하지대본야). **和也者**(화야자) **天下之達道也**(천하지달도야). **致中和**(치중화) **天地位焉**(천지위언) **萬物育焉**(만물육언).

희로애락이 일어나지 않은 상태를 중이라 하고, 발현하여 모두 절도에 맞는 것을 화라고 한다. 중이라고 하는 것은 천하의 근본이요, 화라는 것은 천하에 달통한 도다. 중화에 이루면 천지가 제자리를 잡고 만물이 화육된다.

- 선해 -

희로애락이 일어나기 전의 중(中)은 천하의 근본으로 하늘이 명한 성(性)이며 대학의 명덕(明德)입니다. 중(中)이 발현되어 모두 절도에 맞는 화(化)는 천하에 달통한 도(道)로서 대학의 지소선후(知所先候) 즉근도의(則近道矣) 즉, 먼저와 나중을 앎으로써 도에 가깝다는 가르침에 해당됩니다. 중화(中和)에 이르면, 천지가 제자리를 잡고 만물이 화육된다는 구절은 대학의 지어지선(止於至善) 및 평천하(平天下)와 일맥상통합니다. 공자님의 "君君臣臣父父子子(군군신신부부자자) 즉, 임금은 임금답고, 신하는 신하답고, 부모는 부모답고, 자식은 자식답다는 말씀 또한 명덕(明德)을 밝히고 중화(中和)에 이름으로써 천지가 제자리를 잡고, 만물이 잘 자라는 天地位焉(천지위언) 萬物育焉(만물육언)과 무관치 않음을 알 수 있습니다.

희로애락지미발(喜怒哀樂之未發) 위지중(謂之中) 및 발이개중절(發而皆中節) 등의 구절들을 통해 중용(中庸) 즉, 중(中)을 쓴다는 것이 무엇을 말하는지 명확하게 알 수 있습니다. 희로애락이 일어나기 전의 공적영지(空寂靈知)한 중(中)의 자리에서 생각을 일으킴으로써, 그 생각들이 모두 지나치거나 모자람 없이 절도에 딱 들어맞는 화(和) 즉 중화(中和)가 곧 중용(中庸)이기 때문입니다. 결국 중화(中和)가 중용(中庸)이고, 대학이 명덕에 이르는 수행법으로 밝힌 지정정안려득(止定靜安慮得) 중에서 려득(慮得)이 바로 중화(中和) 및 중용(中庸)과 다르지 않음을 알 수 있습니다.

4. 군자(君子)와 중용(中庸)

仲尼曰(중니왈) 君子中庸(군자중용). 小人反中庸(소인반중용). 君子之中庸也(군자지중용야) 君子而時中(군자이시중). 小人之中庸也(소인지중용야) 小人而無忌憚也(소인이무기탄야).

공자께서 말씀하시기를, 군자는 중을 쓰고, 소인배는 중에 반하여 쓴다. 군자의 중용은 군자다우면서도 때와 장소에 딱 들어맞으며, 소인배의 중용은 소인배다우면서도 거리낌이 없다.

- 선해 -

군자는 중을 쓰고 소인배는 중에 반하여 쓴다는 것은 어떤 뜻일까요? 군자는 희로애락이 일어나기 전의 지공무사(至公無私)한 마음을 쓰고, 소인배는 희로애락의 감정에 휩싸인 채 삿된 욕심을 부린다는 말입니다. 군자는 인의(仁義)에 근본을 두고 순천(順天)의 길을 가고, 소인배는 눈앞의 이득(利得)을 좇는 역천(逆天)의 길을 간다는 말입니다.

군자의 중용은 군자다우면서도 시의적절한 까닭에 때와 장소에 딱 들어맞으며, 소인배의 중용은 소인배다우면서도 거리낌이 없다는 것은 어떤 의미일까요?

바로 앞의 구절에서 말한 군자는 중을 쓰는 까닭에 말하고 행동하는 것이 그대로 절도에 맞고, 소인배는 중에 반해서 쓰는 까닭에 법도에 어긋나는 말과 행동을 하면서도 조심하지도 않고, 부끄러워할 줄 모른다는 말입니다.

대학의 표현을 빌리면, 군자는 명덕(明德)을 밝힌 까닭에 세상 만물의 본말과 세상사의 시종 등 선후를 잘 알고 행동하는 반면, 소인배는 명덕(明德)을 밝히지 못한 까닭에 선후를 모르고 행동하면서도 그 말과 행동을 조심하거나 그릇된 생각과 그릇된 말과 그릇된 행동을 고치지 않는다는 말입니다. 이 같은 맥락에서 공자님께서는 "過而不改(과이불개) 是而過矣(시이과의)" 즉, 잘못인 줄 알면서도 고치지 않는 것이야말로 잘못 중의 잘못이라고 말씀하신 바 있습니다.

5. 중용(中庸)의 지극함

子曰(자왈) 中庸(중용) 其至矣乎(기지의호). 民鮮能久矣(민선능구의).

공자께서 말씀하시길, 중용은 지극하구나. 중용에 능한 사람이 드문 지 오래되었구나.

- 선해 -

중용은 매 순간 살아서 꿈틀대는 대기묘용(大機妙用)입니다. 시간과 공간을 초극한 채, 인식과 앎의 대상이 될 수 없는 것이 중용입니다. 알 수도 없고, 모를 수도 없는 것이 중용인 까닭에, 공자님께서 중용을 지극하다고 말씀하신 것입니다.

중용이 단순히 이쪽과 저쪽의 중간을 말하는 도식적(圖式的)인 것이라면 지극할 것도, 어려울 것도 없기 때문에 중용에 능한 사람들이 세상에 차고 넘칠 것입니다. 명덕(明德)을 밝힌 군자가, 넘치거나 모자람이 없는 마음으로 이쪽과 저쪽에 치우침 없이, 이쪽과 저쪽에 걸림 없이, 중(中)을 자유자재로 쓰는 것이 중용입니다.

비유하자면, 거센 바람이 부는 날, 천길 벼랑을 연결해 놓은 외줄 위를 걸으면서도, 매 순간 고요하고 깨어 있는 마음으로 몸을 왼쪽으로 기울였다가 오른쪽으로 기울이고, 오른쪽으로 기울였다가 왼쪽으로 기울이며, 가장 올바르고 편안하며 안정된 자세를 취하는 것이 중용입니다. 이 같은 까닭에 중용에 능한 사람들이 드문 것은 당연합니다.

6. 도(道)가 행해지지 않는 까닭

子曰(자왈) 道之不行也(도지불행야) 我知之矣(아지지의). 知者過之
(지자과지) 愚者不及也(우자불급야). 道之不明也(도지불명야) 我知之
矣(아지지의). 賢者過之(현자과지) 不肖者不及也(불초자불급야). 人
莫不飮食也(인막불음식야) 鮮能知味也(선능지미야).

공자께서 말씀하시기를, 도가 행해지지 않는 까닭을 나는 알겠다.
아는 자는 지나치고, 어리석은 자는 미치지 못하기 때문이다. 도가 밝
혀지지 않는 이유를 나는 알겠다. 어진 자는 지나치고, 어질지 못한
자는 미치지 못하기 때문이다. 먹고 마시지 않는 사람이 없건마는 그
맛을 아는 사람이 드물다.

- 선해 -

도(道)가 행해진다는 것은 중(中)이 발현되어 법도에 딱 들어맞는
화(和)의 상태 즉, 중용(中庸)의 실행 및 구현을 말하는 것입니다. 그
리고 중용(中庸)은 양변(兩邊)을 여읜 까닭에, 알고 모르고의 대상이
될 수 없고, 넘치거나 모자람이 없으며, 이쪽과 저쪽에 치우침이 없습

니다. 이 같은 맥락에서 "아는 자는 지나치고 어리석은 자는 미치지 못하기 때문에 도가 행해지지 않는다."라는 공자님의 말씀은 당연합니다. 어진 사람은 지나치고, 어질지 못한 사람은 미치지 못하기 때문에 도가 밝혀지지 않는다는 말씀 또한 지극히 타당합니다.

알고 어진 자는 지나치고, 어리석고 어질지 못한 자가 미치지 못하는 것은 어떤 이유일까요? 앞서 설명한 바와 같이 알고 모르고, 어질고 어질지 않고의 양변(兩邊)을 여읜 것이 중용인 까닭에 아는 데도 속하지 않고 모르는 데도 속하지 않으며, 어진 데도 속하지 않고 어질지 않은 데도 속하지 않는 것이 중용이기 때문입니다. '하늘과 땅은 어질지 않다'는 도덕경의 천지불인(天地不仁) 또한 중용을 드러낸 가르침입니다. 하늘과 땅은 언제 어디서나 중(中)의 자리에서 한 치의 오차도 없이 운행되는 까닭에 어질고, 어질지 않음조차 없이 지공무사한 것입니다.

먹고 마시지 않는 사람이 없건마는 그 맛을 아는 사람이 드물다는 것은 어떤 의미일까요? 먹고 마시지 않는 사람이 없다는 것은 모든 사람들이 중용을 알고 행한다고 생각하고 있다는 말입니다. 그 맛을 아는 사람이 드물다는 것은 중용을 제대로 행하는 사람이 드물다는 말입니다. 자신은 이미 중용이 무엇이고 어떤 의미인지 잘 알고 있으며, 중용을 제대로 행하고 있다고 생각하고 말하는 것과, 실제로 매 순간 희로애락에 물들지 않은 고요하고 또렷한 중(中)의 마음으로 법도에 맞게 생각하고 말하고 행동하고 있는 것과는 천지현격(天地懸隔)이기 때문입니다.

욕심과 어리석음에 물든 채, 희로애락(喜怒哀樂)에 휩싸인 마음은 중(中)을 벗어난 마음입니다. 중(中)을 벗어난 마음은 0점 조정이 돼 있지 않은 저울과 같아 제대로 무게를 잴 수 없습니다. 무게를 재는 것 자체가 이미 망상(妄想)이고 망동(妄動)이기 때문입니다. 양치질을 하고 깨끗한 물로 입안을 헹구지 않고 먹고 마시는 것과도 다르지 않습니다. 입안에 희로애락을 주성분으로 하는 치약의 거품이 가득함에도 불구하고, 사과를 한입 베어 문다면 사과의 맛을 알 수 없습니다. 치약 거품과 뒤범벅이 된 맛은 결코 제대로 된 사과의 맛이 아니기 때문입니다.

어떻게 해야 알고 모르고, 어질고 어질지 않고의 양변(兩邊)을 여위고, 희로애락이 일어나기 전의 중(中)의 마음으로 먹고 마심으로써 그 맛을 알 수 있을까요? 깨끗한 물로 맵고 쓰고 달고 짠맛에 길들여진 혀를 말끔히 씻어 내야 합니다. 하늘이 명한 성(性)을 따르는 도(道)를 깨달아 도(道)와 하나 되기 위해서는 쉼 없이 도(道)를 닦음으로써, 희로애락이 일어나기 전의 중(中)을 회복함으로써 명덕(明德)을 밝혀야 합니다. 이 같은 가르침을 머리로 이해한 뒤, 아는 자로 남는다면 아무 소용이 없습니다. 명덕(明德)을 밝히기 위한 지정정안려득(止定靜安慮得) 수행을 간단(間斷)없이 해야 합니다. 그리고 끝내 명덕(明德)을 밝히고 친민(親民)하며 지어지선(止於至善)의 대동사회(大同社會)를 건설해야 합니다. 이것이 바로 유학의 궁극입니다.

7. 처한 곳에서 행할 뿐

君子素其位而行(군자소기위이행), 不願乎其外(불원호기외). 素富貴
(소부귀) 行乎富貴(행호부귀), 素貧賤(소빈천) 行乎貧賤(행호빈천),
素夷狄(소이적) 行乎夷狄(행호이적), 素患難(소환난) 行乎患難(행호
환난). 君子無入而不自得焉(군자무입이부자득언).

군자는 처해 있는 자리에 따라 행할 뿐, 그 밖의 다른 것을 원하지
않는다. 부귀할 땐 부귀한 대로 행하고, 빈천할 땐 빈천한 대로 행하
며, 오랑캐 땅에 처해선 오랑캐 땅에 처한 대로 행하며, 환난에 처해
선 환난에 처한 대로 행하니, 군자는 어떠한 상황에 처해도 스스로 얻
지 못함이 없다.

- 선해 -

군자는 처해 있는 자리에 따라 행할 뿐, 그 밖의 다른 것을 원하지
않는다는 것은 어떤 의미일까요? 군자는 언제 어디서나 욕심, 성냄,
불안, 초조, 두려움 등에 휩싸이지 않고, 오직 처한 상황에 따라 자신
이 할 수 있는 최선을 다함으로써 안분지족(安分知足)할 뿐이라는 말

입니다. 군자는 부귀, 빈천, 오랑캐, 환난 등 그 어떤 눈앞의 경계에서도 지나치거나 모자람 없는 중(中)의 마음을 발(發)할 뿐이라는 말입니다. 중(中)의 마음에서 생각을 일으키고, 말하고, 행동하는 까닭에 발이개중절(發而皆中節) 즉, 생각하고 말하고 행동하는 모든 것이 한 치의 오차도 없이 절도에 딱 들어맞을 수밖에 없습니다. 이 같은 까닭에 '군자는 어떤 상황에 처해도 스스로 얻지 못함이 없다'고 말한 것입니다. 능히 생각하고, 그 생각한 바대로 행함으로써 능히 얻는다는 대학의 려득(慮得)과도 다르지 않습니다.

공자님께서는 군자불기(君子不器)와 함께 종심소욕불유구(從心所慾不踰矩) 즉, 군자는 이래야 하고 저래야만 하는 그 어떤 틀도 고집함이 없기 때문에 마음 가는대로 살아도 법도를 어긋남이 없다고 말씀하신 바 있습니다. 군자는 처한 자리에 따라 행할 뿐, 그 밖의 다른 것을 바라지 않기 때문에, 어떠한 상황 속에서도 얻지 못함이 없다는 가르침과 일맥상통합니다. 수처작주(隨處作主) 입처개진(立處皆眞) 즉, 처한 자리에 따라 주인이 되니 발 딛고 서는 곳마다 참되다는 임제(臨濟) 선사(禪師)의 법문과 성인도 시속(時俗)을 따른다, 로마에 가서는 로마법을 따르라는 속담 또한 유사한 맥락의 가르침임을 알 수 있습니다.

8. 자신을 바르게 할 뿐

在上位不陵下(재상위불능하) 在下位不援上(재하위불원상). 正己而
不求於人(정기이불구어인) 則無怨(즉무원). 上不怨天(상불원천) 下不
尤人(하불우인). 故(고) 君子居易以俟命(군자거이이사명), 小人行險
以徼幸(소인행험이요행).

윗자리에서는 아랫사람을 능멸하지 않으며, 아랫자리에서는 윗사
람에게 매달리지 않는다. 자신을 바르게 할 뿐, 남에게 바라는 바가
없으니 원망하거나 원망받을 일이 없다. 위로는 하늘을 원망하지 않
고, 아래로는 사람들을 탓할 일이 없다. 그러므로 군자는 천명을 기다
림으로써 마음 편안히 생활하고, 소인배는 요행을 바람으로써 위험한
짓을 하게 된다.

- 선해 -

아랫사람을 능멸하지 않고, 윗사람에게 매달리지 않는다는 것은 처
해 있는 자리에 따라 행할 뿐, 그 밖의 다른 것을 원하지 않는 군자
의 중용을 드러낸 말입니다. 군자는 언제 어디서나 처한 상황 속에서

자신이 할 수 있는 최선을 다할 뿐이니, 오로지 자신을 바르게 할 뿐입니다. 자신을 바르게 할 뿐, 남에게 바라는 바가 없으니 원망할 일도 없고 원망받을 일도 없음은 당연합니다. 이 같은 맥락에서 공자님께서는 불환인지불기지(不患人之不己知) 환부지인야(患不知人也) 즉, 타인이 자신을 알아주지 않는 것을 근심치 말고 내가 남을 알지 못하는 것을 근심하라고 말씀하신 바 있습니다. 제 눈 속의 들보는 외면한 채, 남의 눈 속에 있는 티끌을 빼려고 한다는 성경의 말씀 또한 다르지 않음을 알 수 있습니다.

9. 군자와 활쏘기

子曰(자왈) 射有似乎君子(사유사호군자)
失諸正鵠(실저정곡) 反求諸其身(반구저기신).

공자께서 말씀하시기를, 활쏘기는 군자와 비슷한 면이 있으니, 정
곡을 맞추지 못하면 돌이켜 자기 몸에서 구한다.

- 선해 -

군자와 활쏘기가 비슷하다고 말한 것은 어떤 까닭일까요?

군자는 중(中)을 쓰고, 소인배는 중(中)에 반하여 씁니다. 중(中)의 마
음을 쓰는 군자는 일말의 떨림도 없는 굳건한 자세로 활을 쏘는 것과
같고, 중(中)을 벗어난 마음을 쓰는 소인배는 흔들거리는 자세로 활을
쏘는 것과 같기 때문에 군자와 활쏘기가 비슷하다고 말한 것입니다.

정곡을 맞추지 못하면 돌이켜 자기 몸에서 구한다고 말한 것은 어
떤 까닭일까요?

중용을 아는 군자는 활을 쏘지 않음이 있을지언정, 활을 쏘면 화살을 과녁에 적중시켜야 합니다. 그러나 실수로 화살이 과녁을 벗어났다면, 먼저 자기 자신을 돌아봄으로써 문제의 원인 및 해결 방안을 모색할 뿐, 활과 화살을 탓하거나 바람과 과녁을 원망하는 등 타인에게 문제의 원인을 전가하는 짓은 결코 군자의 행할 바가 못됨을 드러낸 말입니다.

중(中)을 벗어나 흔들거리는 자세로 활을 쏘는 것은, 0점 조정이 돼 있지 않은 저울로 무게를 재는 것과 같습니다. 저울 위의 물건 및 저울이 문제라는 망상(妄想)을 피우지 않아야 중용의 아는 군자입니다. 저울 위의 물건을 탓하는 법 없이 오직 자기 자신을 돌아봄으로써, 중(中)을 벗어나 흔들리는 자세로 화살을 쏜 사실을 알아차리고 반성할 뿐입니다. 그리고 그 즉시 저울의 0점 조정을 하듯 희로애락(喜怒哀樂) 이전의 중(中)으로 돌아갈 수 있어야 군자라고 할 수 있을 것입니다.

이 같은 맥락에서 공자님께서는 君子求諸己(군자구저기) 小人求諸人(소인구저인), 즉 군자는 자기 자신에게서 구하고 소인은 타인에게서 구한다는 말씀과 함께 不患人之不己知(불환인지불기지) 患其不能也(환기불능야), 즉 남이 나를 알아주지 않음을 걱정하지 말고 자신이 능력 없음을 걱정하라는 말씀을 하신 바 있습니다.

10. 천 리 길도 한 걸음부터

君子之道(군자지도) 辟如行遠必自邇(피여행원필자이) 辟如登高必自卑(피여등고필자비). 詩曰(시왈) 妻子好合(처자호합) 如鼓瑟琴(여고슬금) 兄弟旣翕(형제기흡) 和樂且耽(화락차탐). 宜爾室家(의이실가) 樂爾妻帑(낙이처노).

군자의 도는 먼 곳을 갈 때 반드시 가까운 곳에서부터 출발하고, 높은 곳을 오를 때 반드시 낮은 곳에서부터 시작하는 것에 비유된다. 시경에서 이르기를, 처자가 서로 좋아 하며 화합함이 비파와 거문고를 타는 듯하다. 형제는 이미 화합하여 화락하고 또한 기뻐하는구나. 너의 집을 화목하게 하고, 너의 처자를 즐겁게 하는구나.

- 선해 -

군자의 도란 무엇일까요? 군자의 도(道)란 중용(中庸)일 뿐, 특별할 것이 없습니다. 중용(中庸)이란 먼 곳을 갈 때 가까운 곳에서부터 출발하고, 높은 곳을 오를 때 낮은 곳에서부터 시작하는 것으로, 지나치거나 모자람이 없는 중(中)의 마음을 본말(本末) 시종(始終) 선후(先後)

에 딱 들어맞게 쓰는 것입니다.

형제 및 처자가 화합하고 가정이 화목함을 노래한 시경을 인용한 이유는 무엇일까요? 명덕(明德)을 밝히고 중(中)의 마음을 쓰는 군자가 해야만 하는 일이 친민(親民)이고, 부모 형제 및 처자식을 돌봄으로써 가정을 화목하게 하는 제가(齊家)가 친민(親民)의 핵심이기 때문입니다. 이 때문에 대학도 8조목을 통해 가정을 가지런하게 하며 잘 돌보는 가제(家齊) 이후에 비로소 나라를 다스리는 국치(國治)가 가능하며, 나라를 잘 다스리는 국치(國治) 이후에 온 세상이 하늘의 뜻인 도(道)에 따라 조화를 이루며 생육 발전하는 지어지선(止於至善)의 천하평(天下平)이 가능함을 역설하고 있습니다.

11. 귀신의 덕

子曰(자왈) 鬼神之爲德(귀신지위덕) 其盛矣乎(기성의호). 視之而弗見(시지이불견) 聽之而弗聞(청지이불문) 體物而不可遺(체물이불가유).

공자께서 말씀하시기를, 귀신이 덕을 행함이 성대하구나! 그것은 보려 해도 보이지 않으며 그것을 들으려 해도 들리지 않지만, 만물의 본체가 되어 있어 버릴 수 없다.

- 선해 -

귀신이 덕을 행함이 성대하다는 말을 이해하기 위해선, 먼저 귀신이 무엇을 의미하는지 알아야 합니다. 공자님께서 말씀하신 귀신은 어릴 적 들었던 옛날이야기나 공포 영화 속에 등장하는 귀신을 말하는 것이 아닙니다. 인간의 무지가 가공해 낸 온갖 잡신들을 지칭하는 것이라면 결코 덕을 행함이 성대할 수 없습니다. 공자님께서 입에 담는 일조차 없다고 말씀하신 바 있는 난신(亂神)과 성대하게 덕을 행하는 귀신(鬼神)은 전혀 다른 별개의 것을 지칭하는 말입니다. 난신과 귀신을 동일 선상에 놓고 혼동하지 않아야 귀신의 덕이 성대하다는 말의 의미를 적확(的確)하게 이해할 수 있기 때문입니다.

공자님께서 말씀하신 덕을 행함이 성대한 귀신, 보려고 해도 보이지 않고, 들으려고 해도 들리지 않는 귀신이란 무엇일까요?

이때의 귀신이란 천지를 운행하고 있는 만물의 본체인 '하나'를 의미합니다. 무시무종(無始無終)하고 무소부재(無所不在)하며 전지전능(全知全能)한 '하나'는 혼, 하늘, 도(道) 등으로 통칭되기도 합니다. 중용에서는 '하나'를 하늘 및 성(性), 도(道) 또는 희로애락(喜怒哀樂)이 일어나기 전의 중(中)으로 표현하고 있으며, 대학에서는 명덕(明德)이란 말로 중용의 하늘, 성, 도, 중 등을 대신하고 있습니다. 불교에서는 일체유심조(一切唯心造) 즉, 일체는 오직 마음의 지은 바라는 말에서 알 수 있듯이, 겉으로 드러나 보이지 않으면서도 그 덕이 성대한 귀신을, 언제 어디서나 공적영지(空寂靈知)한 작용을 하고 있는 '마음'으로 표현합니다.

그러나 이 같은 모든 설명들 또한 명덕(明德)을 밝히기 전에는 단지 달을 가리키는 손가락에 지나지 않습니다. 명덕을 밝힘으로써 오직 '하나'인 마음과 계합하고 오직 '하나'인 마음을 증득함 없이 증득해야만 합니다. 귀신의 덕이 성대하다는 것을 단지 머리로만 이해한 뒤,

안다는 생각을 일으키는 것은 망상(妄想)에 지나지 않습니다. 명덕(明德)을 밝히기 전이라면 귀신 또한 무늬만 성대한 덕을 행하는 귀신일 뿐, 실제로는 명덕(明德)을 흐리게 하고 중(中)의 마음을 들뜨고 흐트러지게 하는 난신(亂神)에 지나지 않음을 간과해선 안 됩니다. 무시무종하고 무소 부재한 '하나'는 인식과 앎의 대상이 될 수 없는 까닭에 오로지 실참실오를 통해 계합하고 증득해야만 합니다.

이 같은 맥락에서 보조지눌 선사께서는 단지불회(但知不會) 시즉견성(是卽見性) 즉, 다만 알지 못할 줄 아는 이것이 곧 성품을 보는 것이라고 설파하신 바 있으며, 동일한 의미로 성경은 하느님이 모세에게 말씀하신 "네가 내 얼굴을 보지 못하리니 나를 보고 살 자가 없다."라는 가르침을 전하고 있습니다.

이미 설명한 것처럼, 만물의 본체로서 무시무종하고 무소 부재한 까닭에 한순간도 떠날 수 없는 것이 '하나'인 귀신입니다. 따라서 모든 사람이 이미 '하나'와 계합돼 있고, 그 '하나'와 둘 아닌 것이 실상입니다. 다만 이미 밝은 덕을 다시 한번 밝혀야 하듯, 이 같은 사실을 깨달아 증득해야 합니다. 실상을 깨닫고 자유자재(自由自在)로 중(中)을 쓰면서 행복한 삶을 누려야만 합니다.

'하나'인 귀신과 이미 합일(合一)돼 있는 까닭에 둘이 아니라는 사실을 어떻게 하면 지금 즉시 깨달을 수 있을까요? **시간과 공간을 초극한 흙덩이가 빛을 발하고 있고, 나무 말과 진흙 소가 책을 읽고 있는 것을 귀로 보고 눈으로 듣기만 하면 됩니다.**

제3부

논어
(論語)

克己復禮

非禮勿視 非禮勿聽 非禮勿言 非禮勿動

君子不器

君子 和而不同 小人 同而不和

知之爲知之 不知爲不知 是知也

過而不改 是謂過矣

學而時習之不亦說乎

知之者不如好之者 好之者不如樂之者

不如鄉人之善者好之 其不善者惡之

三人行 必有我師焉 擇其善者而從之 其不善者而改之

人不知而不慍不亦君子乎

己所不欲 勿施於人

논어를 읽기 전에

대학과 중용이 유학의 대의를 밝히면서 큰 줄기를 제시하고 있다면, 논어는 일상적 삶 속에서 유교의 가르침이 어떻게 구현되고 있는가를 명료하게 보여 줍니다. 공자님과 그 제자들 사이의 문답을 주로 기록하고 있는 논어는 학이편(學而篇)에서 요왈편(堯曰篇)에 이르는 총 20편으로 이루어져 있습니다.

유학의 총론이라고 할 수 있는 대학과 중용을 공부했다면, 각론적 성격을 띠는 논어를 따로 공부하지 않아도 공자님께서 무엇을 가르치고 전하고자 했는지 이해할 수 있습니다. 이 같은 까닭에 논어를 낱낱이 해설하는 것은 생략하고, 논어의 전체를 관통하고 있는 대의가 무엇인지를 알아본 뒤, 공자님의 골수가 배어 있는 구절들을 발췌해서 간략하게 살펴보겠습니다.

제1장. 논어의 대의

1. 극기복례(克己復禮)

논어 전체를 관통하는 핵심 가르침을 한마디로 압축한다면 극기복례(克己復禮) 즉, 눈앞의 이득을 좇는 소인배적인 '나'를 이기고 인의(仁義)를 근본으로 하는 예(禮)로 돌아가는 것입니다. 예(禮)로 돌아간다는 것은 대학의 명덕(明德)을 밝히는 것이고, 중용에서 말하는 희로애락이 발하기 전인 중(中)의 마음자리를 증득하는 것입니다.

1) 수행법

공자님께서 제시하신, 예로 돌아가기 위한 수행법은 비례물시(非禮勿視) 비례물청(非禮勿聽) 비례물언(非禮勿言) 비례물동(非禮勿動)입니다. 예가 아니면 보지도, 듣지도, 말하지도, 행하지도 말라는 것으로 대학의 지(止), 불교의 계(戒), 백두산족의 전통 수련법인 금촉(禁觸)과 다르지 않음을 알 수 있습니다.

2) 군자란?

극기복례한 군자의 특징을 한마디로 정의한다면 '나'를 고집함 없는 군자불기(君子不器)입니다. 군자가 그릇이 아닌 까닭은 나라는 정형화된 틀이 없기 때문입니다. 고집하고 집착할 그릇이 없다는 것은, 매 순간 처한 상황에 따라 넘치거나 모자람이 없이 중용을 행한다는 말입니다. 군자불기는 그 어떠한 프레임에도 사로잡혀 있지 않다는 의미로, 공자님께서 끊으셨다는 네 가지 즉, 毋意(무의) 毋必(무필) 毋固(무고) 毋我(무아)로도 설명할 수 있습니다.

군자불기의 삶은 다음과 같은 중용의 가르침을 통해서 명료하게 이해할 수 있습니다.

君子素其位而行(군자소기위이행), 不願乎其外(불원호기외). 素富貴(소부귀) 行乎富貴(행호부귀), 素貧賤(소빈천) 行乎貧賤(행호빈천), 素夷狄(소이적) 行乎夷狄(행호이적), 素患難(소환난) 行乎患難(행호환난). 君子無入而不自得焉(군자무입이부자득언).

군자는 그 처한 곳에서 행할 뿐, 그 밖에 다른 것을 바라지 않는다.

부귀에 처하면 부귀한 대로 행하고, 빈천에 처하면 빈천한 대로 행하며, 다른 나라에 처하면 다른 나라의 상황에 맞게 행하고, 환란에 처하면 환란의 상황에 맞게 행한다. 따라서 군자는 어떤 곳에 처하게 될지라도 안분자족하며 원하는 바를 얻지 못함이 없다.

2. 군자의 삶

명덕을 밝히고 중용을 행하는 군자가 세상 만물의 본질 및 세상사의 시종 등 선후를 아는 것은 당연합니다. 그렇다고 해서 군자는 모든 것을 다 안다는 군자의 상(相)을 만들 필요는 없습니다.

이 같은 이유에서 공자님께서는 지지위지지(知之爲知之) 부지위부지(不知爲不知) 시지야(是知也)라고 말씀하셨습니다. 아는 것을 안다고 하고, 모르는 것을 모른다고 하는 이것이 아는 것이란 말씀입니다.

또한 예로 돌아가 지공무사한 중(中)의 마음을 쓰는 것이 군자지만, 잘못을 행할 수 있는 가능성을 배제하는 오만을 경계하시며, 잘못을 알면서도 고치지 않는 것이 잘못이라는 과이불개(過而不改) 시위과의(是謂過矣)를 역설하셨습니다.

군자란 자신의 아는 바를 고집하며, 그 아는 바에 머물러서 안 된다는 사실을 강조하신 가르침도 있습니다. 학이시습지불역열호(學而時習之不亦說乎)란 말씀이 바로 그것으로, 군자는 언제나 열린 가슴으로 배우고, 그 배운 바를 때때로 익히니 기쁘지 않겠느냐는 말입니다.

군자가 무엇인가를 배우지 않으면 몰라도, 배우기로 했다면 머리로 아는 데 그치지 않고, 최선을 다해서 온몸과 온 마음으로 배우고 익힘으로써, 능수능란하게 즐길 수 있어야 함을 피력하신 가르침도 있습니다. 지지자불여호지자(知之者不如好之者) 호지자불여락지자(好之者不如樂之者) 즉, 아는 자는 행하는 자만 못하고, 행하는 자는 즐기는 자만 못하다는 가르침입니다.

공자님께서는 군자의 인간관계가 어떠해야 하는지에 대해서도 언급하셨습니다. 불여향인지선자호지(不如鄕人之善者好之) 기불선자악지(其不善者惡之) 즉, 마을 사람들 중에서 착한 사람들이 그를 좋아하고, 착하지 않은 사람들이 그를 미워해야 한다는 말입니다.

0점 조정이 돼 있는 저울이 물건 주인과의 원근친소와 무관하게 정확한 무게를 재듯이, 군자는 팔이 안으로 굽는 일 없이 지혜롭게 시비를 가리기 때문에 소인배들의 미움을 사는 것은 당연한 일입니다.

군자는 언제 어디서나 사람들과 어울리면서도, 중용의 열린 마음으로 친민(親民)을 행하는 까닭에, 주변 사람들의 그릇됨을 바로잡을 뿐만 아니라 훌륭한 점은 겸허하게 배우고 받아들일 뿐입니다.

이 같은 맥락에서 공자님께선 삼인행(三人行) 필유아사언(必有我師

焉) 택기선자이종지(擇其善者而從之) 기불선자이개지(其不善者而改之)를 말씀하신 바 있습니다. 세 사람이 길을 가면 반드시 나의 스승이 계시니, 착한 것은 본받고, 착하지 못한 것은 타산지석으로 삼는 한편 그 그릇된 바를 고침으로써 언제 어디서나 깨어 있는 열린 마음으로 중용을 행할 뿐이라는 의미입니다.

이밖에도 공자님께서는 애써 잘 보이기 위한 교묘한 말과 얼굴 표정을 짓는 교언영색(巧言令色)은 군자의 행할 바가 아님을 분명하게 밝히셨습니다. 더불어 소인배들의 오해를 사는 등 사람들이 자신을 알아주지 않는다고 해서 화를 내는 일이 없어야 군자라는, 인부지이 불온불역군자호(人不知而不慍不亦君子乎)란 말씀도 하셨습니다.

3. 군자의 어짐

하늘이 명한 성품인 명덕(明德)을 밝히고 중(中)의 마음자리를 증득하기 전이라면 어떻게 살아야 할까요? 자신의 내면에 갖춰져 있는 지혜의 빛을 자유자재로 쓰기 전에는 성현의 가르침을 믿고 의지한다고 해도 자신의 이득에 눈이 먼 채, 중용에 반하는 행동을 하기 쉽습니다. 어떠한 삶의 자세를 유지해야 할까요?

자신의 내면에 있는 지혜의 빛을 밝히기 전이라도 누구나 어렵지 않게 중용을 행할 수 있는 길이 있습니다. 공자님께서 말씀하신, 기소불욕(己所不欲) 물시어인(勿施於人) 즉, 자신이 원하지 않는 바를 남에게 저지르지 말며, 더불어 종신토록 서(恕)의 마음을 견지하라는 가르침이 바로 그것입니다.

이 가르침은 제자인 자공이 유일언이가이종신행지자호(有一言而可以終身行之者乎) 즉, 종신토록 행할 만한 한마디의 말이 있느냐고 묻자, 공자님께서 기서호(其恕乎) 기소불욕(己所不欲) 물시어인(勿施於人)이라고 대답하신 것입니다. 서(恕)는 같을 여(如)와 마음 심(心)을 합한 자로, 내 마음과 네 마음의 본바탕이 같다는 의미를 내포하고 있는 글자입니다.

　따라서 갑의 입장에 서서 고양이가 쥐를 살려 주듯이 을을 대하는
마음과 표정과 몸짓은 결코 서(恕)일 수 없습니다. 비유하자면 칼로
연필을 깎다가 칼에 베인 왼손이 상처를 입힌 오른손을 용서하고 말
고가 없는 것과 같습니다. 나의 아픔이 너의 아픔이고, 너의 아픔이
나의 아픔이듯, 두 마음이 한마음이 되는 것이 진정한 서(恕)이기 때
문입니다.

제2장. 공자님의 법향(法香)

1. 배우는 기쁨

子曰(자왈) 學而時習之(학이시습지) 不亦說乎(불역열호)

공자님께서 말씀하시기를, 배우고 때때로 그 배운 바를 익히면 기
쁘지 않겠는가?

- 선해 -

죽음의 순간까지 쉼 없이 배우며 자신을 키워 가는 것이 군자의 삶
이다. 무엇인가를 배운다는 것은 자신이 알지 못한다는 사실을 정확
하게 인지하고, 겸허하게 인정하는 수행자적 삶을 말한다.

수박 겉핥기식으로 얕게 배워서 머리로만 아는 것은 별 의미가 없다. 배운 바를 때때로 익혀서 그 깊은 맛을 제대로 즐길 뿐만 아니라, 세상을 위해 유용하게 쓸 정도가 돼야 한다.

이 같은 맥락에서 공자님께서는 아는 것은 행하는 것만 못하고, 행하는 것은 즐기는 것만 못하다는 말씀을 하신 바 있다.

2. 벗이 찾아오면

有朋自遠方來(유붕자원방래) 不亦樂乎(불역락호)

먼 곳에서 찾아오는 벗이 있으니 또한 기쁘지 않겠는가?

- 선해 -

먼 곳에서 벗이 찾아와 함께 놀 수 있어서 기쁘다는 말이 아니다. 먼 곳이란 단순히 거리상으로만 먼 곳이 아니다. 서로가 지향하는 인생의 목표가 다른 것을 멀리 있다고 말한 것이다. 마음에 있으면 불원천리(不遠千里)고 마음에 없으면 지척천리(咫尺千里)이기 때문이다.

군자는 인의(仁義)를 추구하고 소인배는 눈앞의 이득(利得)을 좇기 때문에 서로 간의 거리가 천리만리일 수밖에 없다. 그런데 이득을 좇던 소인배가 인의를 추구하는 군자의 삶에 감화돼서 인생의 방향을 선회한 뒤, 기쁜 마음으로 군자와 뜻을 함께하기 위해 찾아오니 얼마나 기쁜 일이겠는가?

이 같은 맥락에서 공자님께서는 섭공(葉公)이 정치에 대해 묻자, 다음과 같이 대답하신 바 있다.

"近者說(근자열) 遠者來(원자래)" 즉, 가깝게 있는 자들을 기쁘게 함으로써 먼 곳에 있는 자들이 저절로 오도록 하는 것이 바로 정치의 핵심이라는 의미로, 유학의 궁극인 모두가 다 함께 살기 좋은 대동사회(大同社會)를 건설하는 일과도 다르지 않다. 근자열 원자래는 공자님의 말씀 중에서 "德不孤(덕불고) 必有隣(필유린)" 즉, 덕은 외롭지 않으니 반드시 이웃이 있다는 말과도 일맥상통함을 알 수 있다.

3. 화를 내지 않으면

人不知而不慍(인부지이불온) 不亦君子乎(불역군자호)

남이 알아주지 않아도 화를 내지 않으면 또한 군자가 아니겠는가?

-선해 -

누군가 자신을 알아주지 않는다고 해서 화를 낼 필요는 없다. 자신
에 대한 정확한 앎과 확신이 있다면 타인의 찬사와 비난에 흔들리며
일희일비(一喜一悲)할 까닭이 없기 때문이다.

모든 사람이 각자 각자의 눈높이에서 세상을 보고 평가한다. 눈이
밝지 못한 누군가의 그릇된 견해가 세 치 혀를 통해 말로 전해졌다고
해서 화를 내거나 서운해할 까닭은 없다.

타인의 견해가 옳다면 겸허히 받아들이면 그뿐이고, 그렇지 않다면
일말의 흔들림이 없이 자신의 길을 가는 것이 군자의 삶이다. 누군가
욕을 한다고 해도, 스스로가 욕을 먹지 않는다면, 욕하는 자만 있을

뿐, 욕먹는 자는 그 어느 곳에도 없다.

　'남이 알아주지 않아도 화를 내지 않으면 군자가 아니겠느냐'는 가르침과 유사하면서도, 한 걸음 더 나아간 공자님의 가르침이 있다. "不患人之不己知(불환인지불기지) 患不知人也(환불지인야) 患其不能也(환기불능야)" 즉, 남이 나를 몰라주는 것을 걱정하지 말고, 내가 남을 알아보지 못하거나, 나의 능력이 부족함을 걱정하라는 가르침이 바로 그것이다.

4. 가난하되 즐겨야

子貢曰(자공왈),

貧而無諂(빈이무첨) 富而無驕(부이무교) 何如(하여)

자공이 말하기를, 가난해도 아첨함이 없으며, 부유해도 교만함이 없는 것은 어떻습니까?

子曰(자왈),

可也(가야) 未若貧而樂(미약빈이락) 富而好禮者也(부이호례자야)

공자님께서 말씀하시기를, 좋다. 그러나 가난하되 즐기고, 부유하되 예를 좋아하는 사람만 못하다.

- 선해 -

가난해도 아첨함이 없고, 부유해도 교만함이 없는 것은 군자가 갖춰야 할 최소한의 전제 조건이다. 마치 저울의 0점 조정과 같다. 저울의 0점 조정은 그 자체가 궁극이 아니다. 0점 조정은 무게를 재기 위한 전제 조건일 뿐이다.

이 같은 맥락에서 중용은 '喜怒哀樂之未發(희로애락지미발) 謂之中(위지중)과 함께 發而皆中節(발이개중절) 謂之和(위지화)'라는 가르침을 설하고 있다. 희로애락이 일어나기 전의 중(中)이란, 발하여 모두 절도에 맞는 삶으로 발현될 때 비로소 유의미한 것이다.

가난해도 아첨하지 않고, 부유해도 교만하지 않음도 훌륭하지만, 여기서 한 발 더 나아가, 가난하되 즐기고 부유하되 예를 좋아하고 실천하는 것이 보다 더 군자의 삶에 가깝지 않겠느냐는 것이 공자님의 말씀이다.

5. 내 눈의 들보

子曰(자왈)

不患人之不己知(불환인지불기지) 患不知人也(환부지인야)

　공자님께서 말씀하시기를, 남이 자기를 알아주지 않는 것을 근심치 말고 내가 남을 알아보지 못하는 것을 근심하라.

　- 선해 -

　타인의 찬사와 비난에 흔들림 없는 부동심이야말로 군자의 마음이다. 누군가의 비난에 주눅 들지 않고, 누군가의 칭찬에 우쭐하지 않아야 군자인 까닭이다.

　타인의 눈에 있는 티끌보다, 제 눈의 들보를 빼내라는 예수님의 말씀도 큰 틀에서 공자님이 말씀과 전혀 다르지 않음을 알 수 있다.

6. 시란 사특함이 없는 것

子曰(자왈) 詩三百(자왈시삼백)
一言以蔽之(일언이폐지) 曰思無邪(왈사무사)

공자님께서 말씀하시길 시 삼백 편의 내용을 한마디 말로 요약한다
면 그 생각에 사특함이 없는 것이다.

- 선해 -

군자가 명덕(明德)을 짧은 형식의 글로 문자화한 것이 시인 까닭에
그 생각이 사특함 없이 지공무사함은 당연하다.
하늘이 명한 밝은 성품인 명덕이 소리로써 드러난 것이 음악이고,
색과 모양으로 드러난 것이 그림일 뿐, 그 이상도 이하도 아니다.

자기 자신을 이기고 예로 돌아가지 못한 소인배의 그것들은 시도
아니고, 음악도 아니고, 그림도 아니다. 들뜨고, 흐트러지고, 어둡고
탁해진 마음 즉, 사특(邪慝)한 생각에서 비롯된 것들은 그 무늬만 시
고 음악이고 그림이기 때문이다.

7. 지천명 그리고 이순

子曰(자왈) 五十而知天命(오십이지천명) 六十而耳順(육십이이순)
七十而從心所欲不踰矩(칠십이종심소욕불유구)

공자님께서 말씀하시기를, 오십에 천명을 알았고, 육십에 귀가 순해
졌다. 칠십이 되자 마음이 원하는 바를 따라도 법도에 어긋나지 않았다.

- 선해 -

오십에 천명을 알았다는 것은, 하늘이 명한 성품인 명덕(明明德)을
온전히 밝히셨다는 말씀이다. 육십에 귀가 순해졌다는 것은, 애쓰지
않아도 저절로 예가 아닌 것은 보지도, 듣지도, 말하지도, 행동하지도
않는 순천(順天)의 삶을 누리기 시작하셨다는 말씀이다.

종심소욕불유구는 대학의 가르침인 물유본말(物有本末) 사유종시
(事有終始) 지소선후(知所先后) 및 중용의 가르침인 발이개중절(發而皆
中節)이 완벽하게 체화된 삶, 즉 때와 장소에 딱 들어맞게 물처럼 흐
르는 시중(時中)의 삶을 사셨다는 말씀이다.

8. 옛것과 새것

子曰(자왈) 溫故而知新(온고이지신) 可以爲師矣(가이위사의)

공자님께서 말씀하시기를, 옛것을 익혀 새것을 알면, 가히 스승이
될 만하다.

- 선해 -

옛것이란, 하늘의 성품인 명덕을 밝히신 성인들께서 설해 놓으신
가르침을 말한다. 옛것을 익혀 새것을 안다는 것은, 성인들의 가르침
을 통해, 자기 자신의 내면에서 빛나고 있는 하늘의 성품인 명덕을 밝
히는 것이다.

그리고 명덕을 밝힌 자만이 그 시대에 딱 들어맞는 새로운 가르침
을 펼칠 수 있는 까닭에 가히 스승이 될 만하다고 말씀하신 것이다.

부처님과 조사들께서 설해 놓으신 가르침을 통한 법등명(法燈明)과
자기 자신의 내면에 있는 불성을 깨닫고 전인미답지(前人未踏地)를 온

몸과 온 마음으로 밟아 이르는 자등명(自燈明), 그리고 스스로가 먼저 깨닫고 난 뒤 모든 인연들을 깨달음으로 이끈다는 자각각타(自覺覺他)의 보살행 등을 강조하는 불교의 가르침과 전혀 다르지 않음을 알 수 있다.

9. 군자불기

子曰(자왈) 君子不器(군자불기)

공자님께서 말씀하시기를, 군자는 그릇이 아니다.

- 선해 -

군자란 극기복례(克己復禮) 즉, 자기를 이기고 예로 돌아간 사람을 일컫는 말이다. 따라서 고정 불변의 실체로서 '나'가 있다는 전도몽상 즉, 아상(我相)을 여읜 사람이다.

그릇이란 이렇게 저렇게 물든 업식(業識)의 '나' 즉, 정형화된 인식의 틀 내지 과거의 기억 뭉치인 아상을 의미한다. 따라서 자기를 이기고 예로 돌아간 군자에게 업식의 '나'인 아상 즉, 그릇이라고 할 것이 없음은 당연하다.

명덕을 밝힘으로써, 넘치거나 모자람이 없는 중(中)의 마음인 하늘의 성품을 회복함으로써 매 순간 그 무엇에도 집착함 없이 물처럼 흘러가는 '나' 없음의 무아행(無我行)이 군자의 삶인 까닭이다.

10. 앎과 모름

子曰(자왈) 知之爲知之(지지위지지)
不知爲不知是知也(부지위부지시지야)

공자님께서 말씀하시기를, 아는 것은 안다고 하고, 모르는 것은 모른다고 하는 것이 바로 아는 것이다.

- 선해 -

사람은 모든 것을 알 필요도 없고, 알 수도 없다. 그렇지만 살아가면서 그때그때 필요한 것들은 배워서 알아야 한다.

배우기 위해선 자신이 모르고 있다는 사실을 정확하게 알아야 하고, 모르고 있다는 사실을 인정해야 한다.

이 같은 까닭에 공자님께서는 '아는 것을 안다고 하고, 모르는 것을 모른다고 하는 것이 바로 아는 것'이라는 말씀을 하신 것이다.

11. 낙이불음

子曰(자왈)

關雎(관저) 樂而不淫(낙이불음) 哀而不傷(애이불상)

공자님께서 말씀하시기를, 시경의 '관저'편은 즐겁되 음란하지 않고, 슬프되 마음이 상처를 입거나 이지러지지 않는다.

- 선해 -

공자님께서 앞서 밝히신 것처럼, 시란 그 생각에 사특함이 없는 것이다. 자기 자신을 이기고 예로 돌아간 군자가 내면에서 빛나는 하늘의 성품인 명덕을 문자로 드러낸 것이 시기 때문이다.

따라서 시경의 '관저'편의 시들이 즐겁되 음란하지 않고 슬프되 마음에 상처를 주지 않음은 당연하다.

시경 '관저'편의 시(詩)들이, 중용의 가르침처럼, 희로애락(喜怒哀樂)의 감정으로 발해졌지만, 지나치거나 모자람이 없이 절도에 맞다는 것이 공자님의 설명이다.

12. 아침에 도를 들으면

子曰(자왈)

朝聞道夕死可矣(조문도석사가의)

공자님께서 말씀하시기를, 아침에 도를 들으면 저녁에 죽어도 가하다.

- 선해 -

아침에 도를 들었다는 것은, 도에 대한 이러저러한 얘기를 들었다는 말이 아니다. 하늘이 명한 인간의 본성품인 내면의 명덕(明德)을 밝혔다는 의미다.

아침에 도를 들으면 저녁에 죽어도 좋다는 것은, 내면의 본성품인 명덕을 밝힘에 따라, 영원무궁한 도(道)와 합일(合一)됨으로써 생사에 걸림 없는 행복한 삶을 누릴 수 있다는 사실을 밝힌 말씀이다.

아침에 도(道)에 대한 온갖 얘기를 들고도 여전히 생사에 걸림이 있다면, 결코 저녁에 죽는 일이 가할 순 없다. 공자님의 말씀을 듣고, '아침에 도를 들으면 저녁에 죽어도 가하다'는 말을 믿는다고 해서 죽음의 공포로부터 자유로울 수는 없기 때문이다.

결국 도(道)니 명덕(明德)을 밝히느니 등등의 온갖 알음알이가 아니라, 실참실오를 통해 명덕을 밝히고 도(道)와 하나가 됨으로써, 비로소 삶과 죽음의 이원세계를 벗어나야만 한다. 그러면, 즉시 생사불이(生死不二)의 일원의 세계를 온 마음과 온 몸으로 밟아 이를 수 있다는 것이 공자님의 속내임을 알 수 있다.

13. 눈 뜬 장님

子曰(자왈) 士志於道而恥惡衣惡食者(사지어도이치악의악식자)
未足與議也(미족여의야)

공자님께서 말씀하시기를, 도에 뜻을 두고도 나쁜 옷과 나쁜 음식
을 부끄러워하는 선비와는 함께 의논할 수 없다.

- 선해 -

옷과 음식이 나쁘다고 분별한 후, 그 같은 옷과 음식을 입고 먹는
것을 부끄러워하는 것은 명덕을 밝히지 못했다는 증거다. 하늘이 명
한 본성품인 명덕 즉, 넘치거나 모자람이 없는 중의 마음은 대소유무
선악미추 양변으로부터 자유로운 마음이기 때문이다.

따라서 명덕을 밝히지 못한 채, 양변에 걸려서 옷과 음식을 분별하
며 부끄러워하는 선비라면 아직은 0점 조정이 필요한 저울과 같다.

바른 안목으로 정견(正見)을 할 수 없는 선비와 의논하지 않음은 당
연하다. 눈 뜬 장님에게 길을 묻지 말라는 것이 공자님의 말씀이다.

14. 걸림 없는 삶

子曰(자왈) 君子之於天下也(군자지어천하야)
無適也(무적야) 無莫也(무막야) 義之與比(의지여비)

공자님께서 말씀하시기를, 군자는 세상을 살아가면서, 꼭 이래야만
한다고 고집함도 없고, 반드시 저래선 안 된다고 고집함도 없다. 오직
의와 함께할 뿐이다.

- 선해 -

이래야만 하고 저래선 안 된다고 고집함이 있다는 것은 명덕을 밝
히지 못한 채, 업식의 '나'가 주인 노릇을 하는 삶을 살고 있다는 말이
다. 군자는 이래야만 하고 저래선 안 된다고 고집하는 업식의 '나'를
이기고 예로 돌아가 오직 올바름인 의(義)와 함께할 뿐이라는 것이 공
자님 말씀의 핵심이다.

제9절의 가르침인, 군자는 정형화된 그 어떤 틀에도 매이지 않는다
는, 군자불기(君子不器)가 '無適也(무적야) 無莫也(무막야)'고, 극기복
례(克己復禮)가 義之與比(의지여비)임을 알 수 있다.

15. 의와 이득

子曰(자왈)

君子(군자) 喩於義(유어의) 小人(소인) 喩於利(유어리)

공자님께서 말씀하시기를, 군자는 의에 밝고, 소인은 이익에 밝다.

- 선해 -

극기복례 즉, 자기 자신을 이기고 예로 돌아가야만 비로소 군자다. 그렇지 못하다면 소인배다.

따라서 군자는 **義之與比**(의지여비) 즉, 오직 의를 좋아하고 의와 함께할 뿐이다.

소인배는 욕심과 욕망 덩어리인 자신의 업식을 녹이고 예로 돌아가지 못한 까닭에, 눈앞의 이익을 좋아하며 좇을 수밖에 없다.

16. 어진 이를 닮으라

子曰(자왈)

見賢思齊焉(견현사제언) **見不賢而內自省也**(견불현이내자성야)

공자님께서 말씀하시길, 어진 이를 보면 그를 좇아 닮을 것을 생각하고, 어질지 못한 이를 보면 안으로 자기 자신을 살펴야 한다.

- 선해 -

공자님께서는 세 사람이 길을 가면 반드시 나의 스승이 있다는 말씀과 함께 그중 착한 사람은 좇아 배우고, 착하지 않은 사람은 그의 착하지 못함을 고쳐 주라고 말씀한 바 있는데, 이번 절도 마찬가지다.

어진 이를 보면 그를 좇아 닮을 것을 생각하고, 어질지 못한 이를 보면 자기 자신에게는 그 같은 어질지 못한 점이 없는지 살펴봄으로써 타산지석으로 삼으라는 말씀이다. 타인의 눈에 있는 티끌을 지적하는 데 마음을 빼앗기는 것보다는, 자신의 눈 속에 들보가 들어 있음을 매 순간 깨어서 알아차릴 수 있어야 군자이기 때문이다.

17. 말과 행동

子曰(자왈)

古者(고자) 言之不出(언지불출) 恥躬之不逮也(치궁지불체야)

공자님께서 말씀하시기를, 옛 사람이 말을 함부로 하지 않는 것은, 자신의 말에 행동이 미치지 못함을 부끄러워하기 때문이다.

- 선해 -

무엇이 옳고 그른지를 알고, 말하는 것보다, 알고 말한 바를 실천하는 것이 더 어렵다.

이 같은 까닭에 공자님께서는 앎과 그 아는 바를 실천하는 것이 어긋나지 않는 지행합일(知行合一)을 강조하신다.

이번 절 또한 말만 앞서고 행동이 그에 미치지 못함을 경계하심으로써 지행합일을 역설하신 말씀이다.

18. 말은 어눌하게

子曰(자왈)

君子欲訥於言而敏於行(군자욕눌어언이민어행)

공자께서 말씀하시기를, 군자는 말은 어눌하게 하고자 하지만, 그 말한 바를 실행함에 있어서는 민첩하고자 한다.

- 선해 -

군자가 말을 어눌하게 하고자 함은, 실천으로 옮기지 못할 일을 함부로 입 밖에 내지 않고 지행합일하는 삶을 살기 위함이다.

입 밖으로 드러낸 말은 책임지고 실행에 옮김으로써 지행합일의 삶을 사는 것이 군자다. 이 같은 까닭에, 군자는 말한 바를 실행함에 있어서는 민첩하고자 한다고 말씀하신 것이다.

그렇다고 해서 일부러 말을 어눌하게 하려고 애쓸 필요는 없다. 대학의 가르침처럼, 안이후능려(安而後能慮) 려이후능득(慮而後能得)인 까닭에, 고요하고 편안한 마음으로 심사숙고했다면, 생각한 바가 저절로 실천으로 이어지면서 원하는 바를 능히 얻기 때문이다.

19. 덕은 외롭지 않다

子曰(자왈)

德不孤(덕불고) **必有隣**(필유린)

공자님께서 말씀하시기를, 덕은 외롭지 않으니, 반드시 함께하며 도와주는 이웃이 있다.

- 선해 -

대학의 명덕(明德), 중용의 하늘이 명한 성품의 발현이 곧 덕(德)이다. 상하와 동서남북 사방 및 사우(四隅) 등 시방 세계에 두루 통하는 맑고 밝은 한마음의 발현이 곧 덕(德)으로 예(禮)와도 그 본질에 있어서 전혀 다르지 않다.

대학의 친민(親民) 즉, 주변 인연들과 친구가 되어 함께 상생(相生)하는 삶을 사는 것이 바로 덕을 베풀며 사는 삶이다. 따라서 덕은 외로울 수 없으며, 반드시 희로애락(喜怒哀樂)을 함께 나누며 도와주는 이웃이 있을 수밖에 없다.

20. 안빈낙도의 삶

子曰(자왈) 賢哉回也(현재회야)
一簞食(일단사) 一瓢飮(일표음) 在陋巷(재루항)
人不堪其憂(인불감기우) 回也不改其樂(회야불개기락)

공자님께서 말씀하시기를, 어질다! 안회여! 한 그릇의 밥과 한 표주박의 물을 먹고 마시며 누추한 곳에 살면 사람들은 그 괴로움을 견디지 못하거늘, 안회는 그 즐거움을 마다하지 않는구나!

- 선해 -

공자님께서 안회의 안빈낙도하는 삶을 칭송하신 것은, 결코 물질적으로 가난한 삶이 좋다고 말씀하신 것이 아니다. 한 그릇의 밥을 먹고 한 표주박의 물을 마시며 누추한 곳에서 살면서도, 마음이 여유를 잃지 않고 유유자적한 삶을 즐기는 안회의 어질고 굳건한 성품을 칭송하신 것뿐이다. 무소유의 삶을 영위하려는 한 생각조차 소유하지 않는, 맑고 밝은 마음으로 재지어지선(在止於至善) 즉, 지극한 선의 자리에 머무는 것이 바로 군자인 까닭이다.

21. 미리 한계 짓지 말라

求曰(구왈) 非不說子之道(비불열자지도) 力不足也(역부족야)

子曰(자왈) 力不足者(자왈력부족자) 中道而廢(중도이폐) 今女畵(금
녀화)

염구가 공자님께 말씀드리기를, 선생님의 도를 좋아하지 않는 것은
아니지만, 힘이 부족합니다.

공자님께서 말씀하시기를, 힘이 부족한 자는 중도에서 그만둔다.
지금 너는 해 보지도 않고 미리 한계를 짓고 있구나.

- 선해 -

공자님의 가르침인 극기복례는 업식의 '나'를 이기고 예로 돌아가는
것이다. 그럼에도 불구하고 염구가 힘이 부족하다는 생각을 일으킨
뒤, 그 생각에 집착하며, 업식의 '나'를 고집하고 있다.

군자불기(君子不器)를 역행하며 스스로를 부족한 자로 규정짓고 있
는 염구의 '나'를 공자님께서 '해 보지도 않고 미리 한계를 짓고 있다'
는 말씀으로 일도양단하신 것이다.

22. 본바탕과 무늬

子曰(자왈)
質勝文則野(자왈질승문칙야) 文勝質則史(문승질칙사)
文質彬彬然後君子(문질빈빈연후군자)

공자님께서 말씀하시기를, 질이 문을 이기면 곧 거칠고 투박하며, 문이 질을 이기면 사하다. 문과 질이 서로 조화를 이룬 뒤에라야 군자라 할 수 있다.

- 선해 -

질은 본바탕을 말하고, 문은 겉으로 드러난 무늬를 말한다. 따라서 질이 문을 이긴다는 것은 체에 비해 그 용이 부족한 것으로, 투박하고 거칠다는 의미다. 문이 질을 이긴다는 것은, 용은 화려한 데 비해 그 체가 굳건하지 못한 까닭에 사(史)하다는 것이다. 사(史)하다는 것은 내실은 부실한데 겉모양만 그럴듯한 상태를 뜻한다.

결국 본바탕과 겉 무늬가 상황에 딱 들어맞게 조화를 이루며 체와 용이 둘 아닌 빈빈(彬彬)을 이루어야 군자라 할 만하다는 의미다.

23. 좋아하고 즐겨라

子曰(자왈) 知之者不如好之者(지지자불여호지자)
好之者不如樂之者(호지자불여락지자)

공자님께서 말씀하시기를, 아는 것은 좋아하는 것만 못하며, 좋아하는 것은 즐기는 것만 못하다.

- 선해 -

배워서 아는 것만으로는 크게 쓸모가 없다. 배워서 아는 데 그치지 않고, 그 배워서 알게 된 것을 좋아함으로써 때때로 익혀야 한다.

때때로 익혀 능숙하게 됨으로써 즐길 수 있을 정도가 돼야만 비로소 그 배워 안 바가 저절로 실행되는 지행합일의 삶이 가능하다.

그리고 아는 바의 온전한 실천궁행을 통해 자연스럽게 친민(親民)이 이루어진다. 이 때문에 공자님께서는 아는 것보다 좋아하는 것이, 좋아하는 것보다 즐기는 것이 더 바람직하다고 역설하신 것이다.

24. 모가 나야 할 땐 모나야

子曰(자왈) 觚不觚(고불고) 觚哉(고재)! 觚哉(고재)!

공자님께서 말씀하시기를, 고가 고답지 않으면 어찌 고이겠는가?
고이겠는가?

- 선해 -

고란 배 부분과 다리 부분에 네 개의 모서리가 있는 제례용 술잔을
말한다. 고가 고답지 않다는 것은 모가 나야 할 술잔이 모가 나지 않
았다는 말이다. 그러니 어찌 고일 수 있겠느냐는 것이 공자님의 말씀
이다.

무조건 좋은 게 좋은 것이란 있을 수 없다. 공자님께서는 과공비례
(過恭非禮)란 말씀을 통해, 상대에 대한 배려도 지나치면 예가 아님을
분명히 밝히신 바 있다. 둥글어야 할 때 둥글어야 하고, 모가 나야 할
때 모가 나야 한다. 옳은 것은 옳다고 하고, 그른 것은 그르다고 하는
것이 옳은 것이다. 사물에는 본말이 있고, 일에는 시작과 끝이 있으

며, 먼저와 나중을 알아야 도(道)에 가깝기 때문이다.

이와 같은 맥락에서 공자님께서는 제경공이 정치에 대해 묻자, "君君臣臣父父子子(군군신신부부자자)" 즉, 군주는 군주답고 신하는 신하답고 부모는 부모답고 자식은 자식답게 각자가 자신이 처한 위치에 따라 제 역할을 다하도록 하는 것이라고 역설하신 바 있다.

중용 또한 군자는 처한 위치에 따라 행할 뿐, 그 밖에 다른 것을 원하지 않는다고 천명한다. 이어 군자는 부귀할 땐 부귀한 대로 행하고, 빈천에 처하면 빈천한 대로 행하고, 오랑캐나 환란에 처할지라도 그 처한 상황에 따라 행함으로써, 어떠한 상황에 처하게 될지라도 스스로 원하는 바를 얻지 못함이 없는 것이 군자의 삶임을 강조하고 있다.

25. 배움에 대한 최소한의 예

子曰(자왈) 自行束脩以上(자행속수이상)
吾未嘗無誨焉(오미상무회언)

공자님께서 말씀하시기를, 속수 이상의 예를 행한 사람이라면, 단
한 번도 그를 가르치지 않은 적이 없다.

- 선해 -

처음 사람을 찾아가 만날 때, 자신의 신분에 걸맞은 예물을 지참하
는 고대의 예법이 있다. 예를 들면 제후는 옥, 경은 염소, 대부는 기
러기, 사는 꿩을 예물로 가져갔다. 이러한 예물 가운데 가장 등급이
낮은 것이 마른 육포 묶음인 '속수'(束脩)다.

따라서 '속수' 이상의 예를 행했다는 것은 자신의 처지에 맞게 최소
한의 예물을 지참하고 배우고자 하는 간절한 마음을 일으켰다는 것이
고, 그런 사람을 단 한 번도 가르치지 않은 적이 없었을 만큼 공자님
의 학문에 대한 열정은 뜨거웠고, 공자님의 가르침은 모두에게 열려

있었음을 알 수 있다.

하늘에서 밝게 빛나고 있는 태양이 임금과 제후라고 하여 따뜻하게 비춰 주고, 가난한 선비고 도둑놈이라고 해서 외면하지 않듯이, 군자의 덕 또한 태양처럼 높고 밝아 비추지 않는 곳이 없음은 당연하다.

세상을 두루두루 비추는 태양처럼 공자님께서도 속수(束脩) 이상의 예물로써 배움에 대한 단심(丹心)을 드러내기만 하면, 배우려는 자의 신분이나 예물의 경중에 상관없이 제자로 받아들여 가르침을 베푸셨음을 알 수 있는 구절이다.

26. 하늘은 스스로 돕는 자를 돕는다

子曰(자왈) 不憤不啓(불분불계) 不悱不發(불비불발)
擧一隅不以三隅反(거일우불이삼우반) 則不復也(즉불부야)

공자님께서 말씀하시기를, 분심을 일으키지 않으면 그를 계도해 주지 않고, 알고 있으면서도 입으로 표현을 하지 못해 더듬거리는 상태가 되지 않으면 일깨워 주지 않는다. 한 모퉁이를 들어 보이면, 세 모퉁이로써 반응을 보여야지, 그렇지 않으면 다시 가르치지 않는다.

- 선해 -

공자님께서는 첫째, 자신이 모르는 것에 대해 분심과 함께 알고자 하는 열정이 있어야 이끌어 준다고 말씀하신다.

두 번째는 알 속의 병아리가 밖으로 나오기 위해 껍질을 쪼아야만, 어미 닭이 비로소 껍질을 깨뜨리듯, 알고는 있으면서도 입으로 표현을 하지 못해 더듬거리는 상태가 되어야만 일깨워 준다고 말씀하신다.

세 번째는 네 모퉁이 중 한 모퉁이를 들어 보이면, 나머지 세 모퉁이는 배우는 자 스스로 알아낼 만큼, 열과 성을 다해 적극적으로 배움에 임해야만 다시 가르치신다고 말씀하신다.

말을 물가에까지 끌고 갈 수는 있어도, 물을 마시는 것은 말 자신에게 달려 있기 때문이다. 문을 두드리지 않는 자에게는 그 누구도 문을 열어 줄 수 없는 까닭이다.

결국 자기 자신을 이김으로써 명덕을 밝힌 눈 밝은 스승의 가르침도 중요하지만, 배우는 자의 간절한 하심과 용맹정진이 얼마나 중요한가를 깨닫게 하는 가르침이다.

하늘은 스스로 돕는 자를 돕고, 우물을 파는 것은 목마른 자의 몫일 뿐, 그 누구도 대신해 줄 수 없음은 너무나 당연하다.

27. 괴력과 난신

子不語怪力亂神(자불어괴력란신)

공자님께서는 괴이한 힘과 어지러운 신에 대해 말씀하지 않으셨다.

- 선해 -

괴력난신을 괴, 력, 난, 신으로 나눠서 괴이함과 완력과 어지러움과 귀신으로 각각 해석하고 있는 것을 종종 본다.

그러나 괴력과 난신이 문제일 뿐이다. 력(力)과 신(神)이 문제될 것이 없음에도 군이 부정적 의미를 덧씌우며, 견강부회할 필요는 없다.

중용에 "鬼神之爲德(귀신지위덕) 其盛矣乎(기성의호)" 즉, 귀신이 덕을 행함이 창대하다는 공자님의 가르침이 소개돼 있는 것만 보아도 알 수 있다. (제2장 중용 11절 '귀신의 덕' 참고)

공자님께서 입에조차 담지 않으신 것은 괴력 즉, 괴이한 힘이다. 괴

이한 힘은, 자신이 정당하게 노력하지 않고 난신 즉, 난잡한 신(神)에
게 빌고 의지해서 얻고자 하는 신통력 등을 일컫는다.

28. 세 사람이 길을 갈 때

子曰(자왈) 三人行(삼인행) 必有我師焉(필유아사언)
擇其善者而從之(택기선자이종지) 其不善者而改之(기불선자이개지)

공자님께서 말씀하시기를, 세 사람이 함께 길을 가면, 반드시 나의
스승이 있다. 그 착한 점을 택해 그것을 좇아 배우고, 착하지 않은 것
은 바로잡는다.

- 선해 -

군자는 언제, 어느 곳에서나 열린 마음으로 배움의 자세를 잃지 않
는다. 따라서 세 사람이 길을 갈 때도, 함께 가는 사람의 행하는 바
가, 자신보다 더 의롭다면, 즉시 좇아 배울 뿐이다.

또한 함께 길을 가는 사람의 행하는 바가, 의에 합당하지 않으면,
그 올바르지 못함을 애정을 가지고 바로잡음으로써 친민(親民)할 뿐
이다. 타산지석으로 삼아서 자신의 내면에 똬리를 틀고 있는 불의를
뿌리 뽑는 일도 잊지 않는 것이 군자의 삶이다.

29. 이것이 공구다

子曰(자왈) 二三子以我爲隱乎(이삼자이아위은호) 吾無隱乎爾(오무은호이) 吾無行而不與二三子者(오무행이불여이삼자자) 是丘也(시구야)

공자께서 말씀하시기를, 너희들은 내가 숨긴다고 생각하느냐? 나는 숨김이 없다. 나는 너희들과 함께하지 않은 일이 없다. 이것이 바로 공구다.

- 선해 -

공자님께서 제자들에게 그 무엇도 숨김이 없다고 말씀하신다. 이 말씀은 진리, 도(道) 등은 숨길 수 있는 대상이 아니기 때문에, 드러내 밝히고 보여 줄 수 있는 것도 아니라는 말씀이다.

공자님께서 항상 제자들과 함께하지 않음이 없듯이, 하느님과 부처님, 진리와 도(道) 또한 단 한순간도 우리를 떠난 바가 없다. 따라서 진리를 구하려고 한다거나, 진리와 언제나 함께하고 있다고 여기는 한 생각을 쉬는 바 없이 쉬기만 하면 된다.

이 같은 맥락에서 중용은 "道也者(도야자) 不可須臾離也(불가수유리야). 可離(가리) 非道也(비도야) 즉, 도라는 것은 단 한순간도 떠날 수 없는 것이다. 떠날 수 있다면 도가 아니다."라고 설파하고 있다.

이처럼 단 한순간도 떠날 수 없는 도를 단도직입적으로 일러 준 것이 바로 공자님의 마지막 말씀인 "是丘也(시구야) 즉, 이것이 공구다."라는 말씀이다. 이 말씀은 어떤 의미인가? **이 뭣꼬!**

그런데 '이것이 공구다'는 말씀과 관련, 공자님께서 자신을 지칭한 것이란 알음알이를 짓는다면 머리 위에 머리를 얹는 격이다. 또한 공자님을 지칭하는 말이 아니라고 여긴다면 머리를 자르고 살려는 것과 다르지 않다.

어째서 그런가? 눈으로 눈을 볼 수 없기 때문이다. 또한 주장자가 있다면 주장자를 받아야 하고, 주장자가 없다면 주장자를 내려놓아야 하는 까닭이다. 있음을 버리면 있음에 빠지고, 없음을 좇으면 없음을 등지기 때문이다.

明明百草頭(명명백초두)
明明祖師意(명명조사의)

밝고 밝은 백가지 풀끝마다
밝고 밝은 제불 조사의 뜻이여!

30. 사치와 검소함

子曰(자왈)

奢則不孫(사즉불손) 儉則固(검즉고)

與其不孫也(여기불손야) 寧固(영고)

공자님께서 말씀하시기를, 사치스러우면 겸손하지 않고 검소하면
고루한데, 겸손하지 않은 것보다는 차라리 고루한 것이 더 낫다.

- 선해 -

사치스럽다는 것은 지나친 마음이 발해진 것이기 때문에 겸손하기
어렵고, 검소하다는 것은 부족한 마음이 발해진 것이기 때문에 고루
할 수밖에 없다.

그럼에도 불구하고, 공자님께서 겸손하지 않은 것보다는 차라리 고
루한 것이 더 낫다는 말씀을 하셨다. 그러나 냉정하게 보면, 과유불급
(過猶不及)으로 지나침은 모자람과 다를 바가 없다.

그런데 군자의 생각과 말과 행동은, 0점 조정이 잘된 저울이 정확하게 무게를 재듯, 지나치거나 모자람 없이 절도에 맞아야 한다. 군자는 오직 중용(中庸) 즉, 지나치거나 모자람이 없는 중(中)의 마음을 쓰기 때문이다.

31. 소인배의 근심 걱정

子曰(자왈) 君子坦蕩蕩(군자탄탕탕) 小人長戚戚(소인장척척)

공자님께서 말씀하시기를, 군자의 마음은 평온하고 넓으며 광대하다. 소인배의 마음은 항상 근심 걱정으로 가득 차 있다.

- 선해 -

소아적이고 이기적인 자기 자신을 이기고, 예로 돌아가야만 비로소 군자라 할 만하다. 하늘의 성품인 명덕(明德)을 밝히고, 지나치거나 모자람이 없는 중(中)의 마음을 쓴다면 군자라 할 만하다.

군자의 마음은 태양처럼 높고 밝으며 호호탕탕하다. 따라서 문제가 발생한다고 해도, 그 문제를 해결하는 데 집중하거나, 인연이 아니라고 판단되면 즉시 그 일을 마음에서 내려놓는다.

반면 소인배의 마음은 끊임없는 욕심에 휘감긴 채, 자신과 타인을 비교함으로써 만족할 줄 모르는 까닭에 일이 잘 진행되고 있는 순간에도, 막연하게 미래에 대한 근심과 걱정을 사서 한다.

결국 우리를 근심 걱정케 하는 것은, 눈앞에 발생한 일이 아니라, 그 일에 대한 우리의 생각이다. 동일한 상황을 놓고도, 누군가는 평온하고 누군가는 불안해하는 것은 바로 모든 것이 마음의 짓는 바이기 때문이다.

32. 나라에 도가 있다면

子曰(자왈)
邦有道(방유도) 貧且賤焉(빈차천언) 恥也(치야)
邦無道(방무도) 富且貴焉(부차귀언) 恥也(치야)

공자님께서 말씀하시기를, 나라에 도가 있는데도 가난하고 천한 것
은 부끄러운 일이다. 나라에 도가 없는데도 부유하고 귀한 것은 부끄
러운 일이다.

- 선해 -

나라에 도가 있다는 것은 세상에 정의와 질서가 살아 있다는 말이
다. 상식이 통하는 청렴한 세상으로, 누구나 노력한 만큼 돈도 벌고
벼슬도 할 수 있다는 말이다. 그럼에도 불구하고 가난하고 천하다면
부끄러운 일일 수밖에 없다.

나라에 도가 없다는 것은, 정의와 질서가 무너짐에 따라, 부정부패
가 판을 치고 상식이 통하지 않는 세상이라는 말이다. 이 같은 세상에

서 올바르게 살고자 하는 사람은 배척받을 수밖에 없다.

마치 눈이 셋 달린 사람들로 가득한 세상에서, 눈이 둘 달린 정상적인 사람들이 이방인 취급을 당하는 것과 같다. 따라서 나라에 도가 없음에도 불구하고, 부유하고 귀하다는 것은, 부정부패와 결탁한 소인배에게나 가능한 일이다. 이 같은 까닭에 나라에 도가 없는데도 부유하고 귀한 것은 당연히 부끄러운 일일 수밖에 없다.

청렴(淸廉)도 마찬가지다. 나라에 도가 있다면, 청렴하다고 해서 가난하거나 천박할 수 없다. 반면, 나라에 도가 없다면, 청렴함에도 불구하고 부유하고 귀할 수 없다. 군자의 청렴이라는 것이, 그 성품과 행실이 맑고 높으며 검소할 뿐이지, 무조건 물질적 풍요 및 존귀함과 반비례한다고 생각해선 안 된다.

청렴이라고 할 때의 청은 맑을 청(淸)으로 마음이 모든 욕심의 물결을 벗어난 까닭에 맑다는 것이다. 렴(廉)은 희로애락(喜怒哀樂)이 발(發)하기 전 중(中)의 마음으로 자신을 예리하게 살피는 것이다.

결국 청렴한 삶이란 매 순간 온전히 깨어서, 생각하고 말하고 행동하는 것을 맑은 마음으로 예리하게 살핌으로써 올바르게 생각하고, 올바르게 말하고, 올바르게 행동하는 삶일 뿐이다.

사람은 생각을 일으킨 뒤, 그 생각을 따라 말하고 행동한다. 따라서 말과 행동으로 드러나기 전의 머릿속 생각을 알아차리고 챙김으로써 바른 생각을 하는 것이 청렴한 삶으로 가는 지름길로, 중용의 심법(心法)인 신독(愼獨)과도 다르지 않음을 알 수 있다.

33. 공자님에게 없는 네 가지

子絶四(자절사)

毋意(무의) 毋必(무필) 毋固(무고) 毋我(무아)

공자님께서는 네 가지를 끊으셨다.

의도함도 없고, 반드시 이러저러 해야 함도 없고, 자신의 견해를 고집함도 없고, 자신을 내세움도 없으셨다.

- 선해 -

공자님께서 네 가지를 끊으신 결과가 무의, 무필, 무고, 무아다. 결국 의와 필과 고는 아(我)에서 파생된 곁가지들로서, '나'가 없으면 저절로 소멸되는 것들이다.

'나'라고 내세울 만한 그 무엇이 없는 무아(毋我)는 극기복례(克己復禮) 즉, 공자님께서 '나'를 이기고 예로 돌아가신 까닭으로, '나' 없음을 깨닫고 시공(時空)을 여읨으로써 어떠한 의도도 없음은 당연하다.

미래에 일어날 일들에 대한 어떠한 의도가 없는 까닭에 무필(毋必) 즉, 반드시 이래야만 되고 저래선 안 된다는 생각 자체가 없음은 당연하다. 앞서 살펴본 無適也(무적야) 無莫也(무막야)와 다르지 않다.

반드시 이래야만 되고, 저래선 안 된다는 생각 자체가 없으니, 매 순간 머무는 바 없이 물처럼 흘러갈 뿐, 고집하고 집착함이 없으니 무고(毋固)는 당연하다.

결국 무아(毋我)란 극기복례(克己復禮)를 통해 군자불기(君子不器)를 구현해 낸 것으로 '나'라고 할 만한 고정불변의 실체가 없음을 깨달은 불교의 무아(無我)와 다르지 않다.

기독교에서 말하는, 매 순간 자신을 부인하고 스스로의 십자가를 짊어짐으로써 온갖 주견을 텅 비워 내고 '심령이 가난한 자'로 거듭난다는 것과도 다르지 않음을 알 수 있다.

'나'라는 아상(我相)을 비롯해 네 가지 상을 여의어야만 보살이라고 설하는 금강경의 가르침과 공자님께서 아(我) 등 네 가지를 끊었다는 대목의 의미가 어떻게 다를 것인가?

아(我)를 끊고 무아(毋我)가 된 군자와 아상(我相)을 여의고 무아(無

我)를 깨달은 보살의 집착함 없는 삶과 노자의 무위자연(無爲自然)
즉, 함이 없이 스스로 그러한 삶이 무엇이 다르겠는가?

34. 시작과 끝

子曰(자왈)

譬如爲山(비여위산) 未成一簣(미성일궤) 止(지) 吾止也(오지야)

譬如平地(비여평지) 雖覆一簣(수복일궤) 進(진) 吾往也(오왕야)

공자님께서 말씀하시기를, 비유컨대, 산을 만듦에 있어서 한 삼태기가 부족한 채, 멈췄다고 해도 내가 멈춘 것이다. 땅을 고름에 있어서 한 삼태기를 뒤덮고 전진했다고 해도 내가 나아간 것이다.

- 선해 -

"천 리 길도 한 걸음부터."라는 속담이 있다. "시작이 반."이라는 말도 있다. 그만큼 시작이 중요한 것은, 하고자 하는 뜻을 세웠기 때문이다.

따라서 단 한 삼태기의 흙이라도 붓고 평평하게 땅을 고르기 시작했다면, 이미 뜻이 펼쳐지기 시작한 까닭에 완성을 향하여 앞으로 나아간 것이다.

'화룡점정'(畵龍點睛)이라는 말이 있다. 용을 그린 뒤에 마지막으로 눈동자를 그려 넣음으로써 그림을 마무리 짓는다는 뜻으로, 무슨 일이든 중도에서 포기하지 않고, 온전하게 끝마치는 것이 얼마나 중요한가를 강조한 말이다.

이 같은 맥락에서 산을 만듦에 있어 마지막 한 삼태기의 흙이 모자라 중지했다고 해도, 중도에서 포기하고 멈춘 것으로, 어떠한 일이든 최종 마무리를 짓고 유종의 미를 거둘 때 비로소 의미 있는 일이 된다는 것이 공자님 말씀의 속뜻이다.

35. 군자의 뜻

子曰(자왈)

三軍可奪帥也(삼군가탈수야) **匹夫不可奪志也**(필부불가탈지야)

공자님께서 말씀하시기를, 삼군에게서 장수를 빼앗을 순 있지만, 필부일지라도 그에게서 뜻을 빼앗을 수는 없다.

- 선해 -

삼군에게 장수는 중요할 뿐, 전부가 아니다. 장수가 전사해도 삼군의 자체가 사라지는 것이 아닌 까닭이다.

사람은 팔과 다리 등 육신의 일부가 잘리어 나가도 목숨을 유지할 수 있지만, 뜻을 잃게 되는 순간 그의 존재도 함께 사라지게 된다. 뜻이란 것은, 필부에게조차도 그의 일부분이 아니라 전부인 까닭에 빼앗기거나 누군가에게 줄 수 있는 성질의 것이 아니기 때문이다.

필부의 뜻마저 이러할진대, 군자의 뜻은 말해서 무엇 하겠느냐는 것이 공자님의 속내다.

36. 소나무와 잣나무의 지조

子曰(자왈)

歲寒然後(세한연후) 知(지) 松柏之後彫也(송백지후조야)

공자님께서 말씀하시기를, 날씨가 추워진 후에야 소나무와 잣나무
가 늦게 조락함을 안다.

- 선해 -

한여름에는 모든 나무들이 사시사철 푸를 것 같다가도, 가을이 오
면 누렇게 단풍이 들고 끝내 조락하지만, 소나무와 잣나무는 날씨가
추워져도 그 푸름을 유지한다.

사람도 마찬가지다. 추위가 찾아오듯 목전에 큰 경계가 닥치면 소
인배는 자라보고 놀란 가슴 솥뚜껑만 보아도 놀라듯 부동심을 잃고
우왕좌왕하다가 혼비백산하게 된다.

그러나 군자는 그 뜻이 태산처럼 굳건함에 따라, 어떠한 경계를 만
나도 부동심을 잃지 않고 여여(如如)할 수 있어야 한다.

37. 사람을 섬기는 일

季路問事鬼神(계로문사귀신)

子曰未能事人(자왈미능사인) 焉能事鬼(언능사귀)

敢問死(감문사) 曰未知生(왈미지생) 焉知死(언지사)

계로가 귀신 섬기는 일에 대해 묻자 공자님께서 사람을 섬길 줄 모르고서야 어찌 귀신을 섬길 줄 알겠느냐고 답하셨다. 감히 죽음에 대해 여쭙겠다고 하자, 삶을 모르고서야 어찌 죽음을 알겠느냐고 말씀하셨다.

- 선해 -

귀신은 이렇게 저렇게 섬기면 되고, 죽음은 이러저러한 것이라고 설명하고, 그 같은 얘기를 듣고 알았다는 상을 키워 봐야 아무런 소용이 없다. 귀신과 죽음에 대한 이야기를 주고받으며 생각놀음을 하느라 소중한 삶을 낭비하지 않는 것이 귀할 뿐이다. 사람을 섬기는 일과 삶에 대한 견해를 주고받는 일 또한 다르지 않다.

이 같은 까닭에 공자님께서는 귀신을 섬기는 일과 죽음에 대한 설명 대신에, 사람을 섬기는 일과 삶의 중요성을 강조하시는 것으로, '계로를 섬기는 삶'을 온 마음과 온몸으로 살아 내 보이신 것이다.

38. 과유불급

子貢(자공) 問師與商也孰賢(문사여상야숙현)
子曰(자왈) 師也過(사야과) 商也不及(상야불급)
曰然則師愈與(왈연칙사유여) 子曰(자왈) 過猶不及(과유불급)

자공이 사와 상 중 누가 더 어집니까? 하고 여쭈었다. 공자님께서 말씀하시기를, 사는 지나치고, 상은 모자란다. 자공이 말하기를, 그렇다면 사가 낫습니까? 공자님께서 말씀하시기를, 지나친 것은 모자라는 것과 같다.

- 선해 -

군자는 희로애락이 일기 전의 맑고 밝고 고요한 중(中)의 마음으로 생각하고 말하고 행동하는 까닭에 0점 조정된 저울이 무게를 재듯, 그 마음을 일으키면 지나치거나 모자람 없이 모두 절도에 맞는다.

그러나 사와 상 두 사람 모두 중(中)의 마음 즉, 하늘이 명한 성품인 명덕(明德)을 밝히지 못한 까닭에 절도에 어긋날 뿐, 지나침과 모자람이 다를 바 없다는 것이 공자님의 말씀이다.

39. 극기복례

子曰(자왈) 克己復禮爲仁(극기복례위인)
非禮勿視(비례물시) 非禮勿聽(비례물청) 非禮勿言(비례물언)
非禮勿動(비례물동)

공자님께서 말씀하시기를, 자기를 이기고 예로 돌아가는 것이 인이다. 예가 아니면 보지 말고, 예가 아니면 듣지 말고, 예가 아니면 말하지 말며, 예가 아니면 행동하지 말라.

- 선해 -

안연이 인에 대해 묻자 공자님께서 자기를 이기고 예로 돌아가는 것이 인이라고 말씀하신다. 그리고 예가 아니면 보지도, 듣지도, 말하지도, 행동하지도 말라고 말씀하신다.

이 구절들이야말로 논어의 핵심 중에서도 핵심 구절들이다. 군자가 되기 위한 실제적 수행법이 고스란히 녹아 있는 가르침이기 때문이다.

비유하자면, 태양을 가리고 있는 구름이 '기'(己)고 그 구름을 걷어
내는 것이 극기(克己)며, 구름이 걷힘으로써 태양이 드러나는 것이 곧
복례(復禮)로서, 대학의 가르침인 명명덕(明明德)과 다르지 않다. 구
름을 걷어내는 극기가 명(明)이고 구름을 걷어 냄으로써 환한 태양이
드러나는 복례가 명덕(明德)이기 때문이다.

불교적으로 표현하면, 기(己)는 곧 업식의 '나'며 나를 이기는 극기
(克己)는 업식을 녹이는 수행이고, 복례(復禮)는 무아(無我)를 깨닫고
견성성불(見性成佛) 하는 것을 말한다.

나를 이기는 극기(克己)를 기독교적으로 표현하면, 매 순간 스스로
를 부인하며 자신의 십자가를 짊어짐으로써 모든 주견을 텅 비워 내
는 것이고, 복례(復禮)는 '심령이 가난한 자'로 거듭나는 것이다.

예(禮)란 사람과 사람 사이에 이렇게 저렇게 지켜야 되는 정형화된
형식이 아니라, 하늘이 명한 내면의 밝은 성품인 명덕(明德)이 굴절됨
없이 저절로 발현되는 것일 뿐이다.

다른 말로 하면, 희로애락에 물들지 않은 중(中)의 마음이 발현됨으
로써, 언제 어디서나 지나치거나 모자람 없이 법도에 딱 들어맞는 것
이 예(禮)다.

업식의 '나'를 극복함으로써 꼭 이래야 되고, 저래선 안 된다는 정형화된 틀을 깨고 예로 돌아가는 극기복례와 공자님께서 강조하신 군자불기(君子不器)가 전혀 다르지 않음을 알 수 있다.

그리고 군자불기(君子不器) 극기복례(克己復禮)를 위한 구체적이고 실제적인 수행법이 바로 非禮勿視(비례물시) 非禮勿聽(비례물청) 非禮勿言(비례물언) 非禮勿動(비례물동)임을 알 수 있다.

예가 아니면 보지도, 듣지도, 말하지도, 행동하지도 말라는 것은 대학의 지지이후유정(知止以後有定) 즉, 그침을 안 연후에 안정됨이 있다는 가르침과 불교 및 기독교의 계율과도 일맥상통한다.

예가 아니면 보지도, 듣지도, 말하지도, 행동하지도 말라는 것은 업식의 '나'에 의한 습관적인 생각과 말과 행동을 멈춤으로써 나를 이기는 극기(克己)의 수행으로 동서고금의 모든 종교에서 행하고 있는 수행의 핵심이다.

공자님께서는 예가 아니면 보지도, 듣지도, 말하지도, 행하지도 말라고 간단하게 말씀하셨지만, 업식의 '나'가 오랜 세월 보고, 듣고, 말하고, 행동하던 습관을 벗어나는 일은 쉽지 않다.

생각하고 말하고 행동하던 과거의 그릇된 습관들이 머릿속의 기억 뭉치인 업식 속에 고스란히 저장돼 있기 때문에 보다 더 적극적으로 업식을 녹이는 수행이 필요하다.

보고, 듣고, 말하고, 행동하는 것은 마음이 1차적으로 보고, 듣고, 말하고 행동하고자 하는 생각을 일으킨 후에나 가능하다. 업식이 생각을 일으키고, 그 생각이 행동으로 이어지기 때문이다.

따라서 과거의 습관들이 고스란히 저장돼 있는 기억 뭉치 즉, 업식에서 일어나는 생각들을 알아차리고 마음을 챙김으로써, 그릇된 생각을 쉬고 중(中)의 마음으로 돌아가기만 하면 된다.
중(中)의 마음으로 돌아가는 수행법은 중용에 구체적으로 소개돼있다. "戒愼乎其所不睹(계신호기소부도) 恐懼乎其所不聞(공구호기소불문)"의 구절이 바로 그것이다. (중용 2절 참고)

보이지 않는 바를 경계하고 조심하며, 들리지 않는 바를 두려워한다는 것은 바로 말과 행동으로 드러냄으로써 보이고 들리기 전, 머릿속에서 생각이 일어나는 즉시 알아차리고 챙기라는 말이다.

이렇게 보고, 듣고, 말하고, 행동하려는 생각을 알아차리고 챙기면, 예가 아닌 것을 보지 않고, 듣지 않고, 말하지 않고, 행동하지 않으려는 수행을 힘들게 따로 할 필요가 없게 된다.

  불교에서 말하는 마음 작용을 알아차리는 관법(觀法) 수행이며, 오
온의 작용을 비춰 보는 조견오온(照見五蘊) 수행법이며, 곡식 밭으로
향하는 소의 고삐를 잡아당기듯, 항상 마음의 고삐를 다잡는 상섭심
(常攝心) 수행과 다르지 않음을 알 수 있다.

40. 역지사지

仲弓問仁(중궁문인)

子曰(자왈) 出門如見大賓(출문여견대빈)

使民如承大祭(사민여승대제) 己所不欲(기소불욕) 勿施於人(물시어인)

중궁이 인에 대해 여쭙자 공자님께서 말씀하시기를, 문을 나서면 큰손님을 뵙는 것같이 하며, 백성을 부릴 때는 큰제사를 받들 듯이 하라. 자신이 원하지 않는 일을 남에게 하지 말라.

- 선해 -

중궁이라는 제자의 공부가 깊지 않았기 때문일까? 공자님께서 중궁의 질문에, 이해하기 쉽게 실례를 들어 간단하게 설명하신다.

소인배일수록 자신의 이득에 민감한 까닭에 자신에게 큰 영향력을 미칠 수 있는 큰손님이나 조상을 대할 때 가장 예에 가깝다. 이 같은 까닭에 공자님께서는 예를 묻는 질문에, 문밖에서 큰손님을 뵙듯 하고, 백성을 부릴 때는 큰제사 받들 듯하라고 말씀하신다.

그리고 자신이 원하지 않는 일 즉, 자신이 당해서 싫은 일을 다른 사람에게 하지 말라는 말씀도 하신다. 따로 설명이 필요 없을 만큼 소인배도 이해할 수 있는 실전적이고 효과 만점의 말씀이다.

41. 군군 신신 부부 자자

齊景公(제경공) 問政於孔子(문정어공자)
孔子對曰君君臣臣父父子子(공자대왈군군신신부부자자)

제경공이 공자님께 정치 즉, 나라를 다스리는 일에 대해 물었다. 공자님께서 대답하시길, 임금은 임금답고 신하는 신하답고 아버지는 아버지답고 아들은 자식은 자식다운 것이다.

- 선해 -

정치란 나라를 다스리는 일이다. 따라서 임금이 임금답고, 신하가 신하답고, 아버지가 아버지답고 자식이 자식답도록 하는 것이 정치의 본질이라는 말씀이다.

위의 질문과 똑같은 질문을 계강자가 했을 때 공자님께서는 "政者(정자) 正也(정야)" 즉, 정치란 바로잡는 것이라고 대답하신 바 있다.

결국 정치란 중용의 가르침인 "天地位焉(천지위언)" 즉, 하늘과 땅이 각각 제자리를 잡도록 하는 것이 핵심이며, 천지음양이 제자리를 잡기 위해선 모든 사람들이 명덕을 밝히고 중화(中化)에 이름으로써 지극한 선의 자리에 머물러야 함을 알 수 있다.

42. 친구 사이의 우정

子貢問友(자공문우) 子曰忠告而善道之(자왈충고이선도지)
不可則止(불가즉지) 無自辱焉(무자욕언)

자공이 우정에 대해 여쭙자, 공자님께서 말씀하시기를, 충심으로
일러 주고 잘 인도하되, 가하지 않으면 즉시 멈춤으로써 스스로를 욕
되게 하지 말라.

- 선해 -

눈앞의 이득 및 감정 등을 떠난 올바른 마음으로 친구를 위해 충고
하고 잘 이끌어 주는 것이 우정이다. 자신의 생각이 아무리 옳다고 해
도 그 충고가 받아들여지지 않는다면, 즉시 멈추라는 것이 공자님의
말씀이다.

받아들여지지 않음에도 불구하고 강요되는 충고라면 두 사람 사이를
소원하게 할 가능성이 높다. 좋은 의도에서 비롯된 충고라고 할지라도
지나치게 되면, 둘 사이를 멀어지게 하면서 스스로를 욕되게 할 뿐이다.

43. 삼백 편의 시를 외우면

子曰(자왈)

誦詩三百(송시삼백) 授之以政(수지이정) 不達(부달)

使於四方(사어사방) 不能專對(불능전대) 雖多(수다)

亦奚以爲(역해이위)

공자님께서 말씀하시기를, 시경의 시 삼백 편을 암송할지라도 정무를 맡겼을 때 달성하지 못하고, 사신으로 사방에 파견되어 전대하지 못한다면 비록 시를 많이 외우고 있다고 해도 무슨 소용이 있겠느냐?

- 선해 -

공자님께서는 "시경의 시 삼백 편의 내용을 한마디로 요약하면 그 생각에 삿됨이 없는 것."이라고 말씀하신 바 있다.

따라서 보이고 들리는 등의 대상 세계에 대한 희로애락 등의 감정을 토해 낸 것은 삿됨이 없는 시라고 볼 수 없다.

대상 세계와 감통(感通)하여 하나가 되는 순간 넘쳐 나는 생명을 문자로 노래한 것이 공자님께서 삿됨이 없다고 한 진정한 시이기 때문이다.

따라서 시경의 시 삼백 편을 외운다는 것은 단순히 암기를 위한 암기가 아니라, 그 시와 감통하여 하나가 되는 일이다. 시라는 대상과 통하여 하나가 되었다면, 자신에게 맡겨진 정무와도 능히 하나로 통할 수 있다.

사신으로 낯선 외국에 파견되었을 때 만나게 되는 그 나라의 관료 및 처리해야 할 업무에도 막힘없이 두루 통해야만, 시를 아는 사람이라는 것이 공자님의 견해다.

이 같은 맥락에서 시경의 시 삼백 편을 외우고 있음에도 불구하고 맡겨진 정무와도 통함이 없고, 비록 낯선 외국에 사신으로 파견되었다고 해도, 그 나라의 관료 및 업무와도 통하여 하나 되지 못한다면 무슨 소용이 있겠느냐는 것이 공자님의 말씀이다.

결국 대상 세계와 통하여 하나 됨을 노래한 것이 시고, 그와 같은 시를 외우는 본목적은, 시라는 대상과 하나로 회통함으로써, 시 외의 다른 대상과도 막힘없이 회통하는 법을 배우기 위함임을 알 수 있다.

44. 바른 몸

子曰(자왈)

其身正(기신정) 不令而行(불령이행)

其身不正(기신부정) 雖令不從(수령부종)

공자님께서 말씀하시기를, 몸이 바르면 명령하지 않아도 행하고, 몸이 바르지 않으면 명령을 해도 좋지 않는다.

- 선해 -

몸이 바르다는 것은 단순하게 몸의 차원만을 말하는 것이 아니다. 그 몸에 올바른 앎과 올바른 생각이 깃들어 있어서, 바르다고 말한 것이다. 마찬가지로 몸이 바르지 않다는 것은 그 몸에 올바르지 못한 삿된 앎과 삿된 생각들이 깃들어 있음을 의미한다.

결국 몸과 마음은 하나면서 둘이고, 둘이면서 하나인 까닭에 저절로 심신일여(心身一如)일 수밖에 없다. 결국 바른 몸이란 삿됨이 없는 올바른 앎과 생각이 깃든 몸이기 때문에 따로 명령을 받지 않아도 저절로 지행합일(知行合一)이 이루어짐은 당연하다.

45. 화이부동 동이불화

子曰(자왈)

君子和而不同(군자화이부동) 小人同而不和(소인동이불화)

공자님께서 말씀하시기를, 군자는 화합할 뿐, 파당을 짓지 않는다. 소인배는 파당을 지을 뿐, 화합하지 못한다.

- 선해 -

군자는 서로서로 조화를 이루며 화합하지만, 파당을 짓지 않는다. 자신이 A라는 정당을 지지한다고 해서 다른 사람들도 무조건 A라는 정당을 지지해야 한다는 등 획일화를 꾀하는 일이 없다.

반면 소인배는 똘똘 뭉쳐 하나가 된 듯해도 눈앞의 이득을 위한 일시적 야합일 뿐, 진정한 조화를 이루며 화합하지 못한다.

따라서 서로 간의 이익이 상충되는 즉시 서로를 비난하며 신의를 저버리는 철새 정치인들과 다를 바가 없다.

46. 착한 사람들이 좋아해야

子貢問曰(자공문왈) 鄕人皆好之何如(향인개호지하여)
子曰(자왈) 未可也(미가야)

鄕人皆惡之何如(향인개오지하여) 子曰(자왈) 未可也(미가야)

不如(불여) 鄕人之善者好之(향인지선자호지)
其不善者惡之(기불선자오지)

자공이 공자님께 여쭙기를, 마을 사람들 모두가 좋아하는 것은 어떻습니까? 공자님께서 대답하시길, 옳지 않다.

마을 사람들 모두가 미워하면 어떻습니까?
공자님께서 말씀하시기를, 옳지 않다.

마을 사람들 중에서 착한 사람이 좋아하고, 착하지 않은 사람들이 미워함만 같지 못하다.

- 선해 -

군자의 역할은 파사현정(破邪顯正) 즉, 삿됨을 깨뜨리고 올바름을 드러내는 빛과 소금이 되는 일이다.

따라서 마을 사람 중에 착한 사람들은 군자를 좋아하고, 착하지 못한 사람들은 군자를 두려워하며 싫어할 수밖에 없다.

이 같은 까닭에 공자님께서는 마을 사람들 모두가 좋아하거나 싫어하는 것은 옳지 않다고 말씀하신 뒤, 착한 사람이 좋아하고 착하지 못한 사람이 싫어함만 못하다는 말씀을 하신 것이다.

"나라에 도가 없다면, 부유하고 귀하지 못한 것을 부끄러워해야 하고, 나라에 도가 있다면 가난하고 비천하게 사는 것을 부끄러워해야 한다."라는 공자님의 말씀도 이번 절과 유사한 가르침이다.

47. 태연하나 교만하지 않다

子曰(자왈)
君子泰而不驕(군자태이불교)
小人驕而不泰(소인교이불태)

공자님께서 말씀하시기를, 군자는 태연하나 교만하지 않고, 소인배
는 교만하나 태연하지 못하다.

- 선해 -

과거의 좋았던 일에 욕심을 내고, 과거의 좋지 않았던 일에 두려움
을 느끼는 업식의 '나'를 이기고 예(禮)로 돌아가야만 비로소 군자라고
할 수 있다.

따라서 군자는 자신이 타인보다 우월하다는 생각에 사로잡힌 채,
'나'를 드러내고자 하는 교만이 없다. 이렇듯 교만하지 않음이 태연함
일 뿐, 군자라고 해서 따로 내세울 태연함이 있는 것은 아니다.

소인배는 습관적으로 허장성세(虛張聲勢)를 부리며 짐짓 태연한 척한다. 그러나 실상은 업식의 '나'를 이기지 못한 까닭에, 욕심을 부리거나 두려움에 떨고 있는 자신의 부끄러운 모습을 감추기 위한 교만에 지나지 않는다.

48. 소인배에게 인자함은 없다

子曰(자왈)
君子而不仁者(자왈군자이불인자) 有矣夫(유의부)
未有(미유) 小人而仁者也(소인이인자야)

공자님께서 말씀하시기를, 군자이면서 인자하지 못한 자가 있을 수 있지만, 소인배면서 인자한 자는 아직 없었다.

- 선해 -

공자님께서는 군자불기(君子不器) 즉, 군자는 그릇이 아니라는 말씀을 하신 바 있다. 군자는 그 어떤 틀에도 얽매이지 않는 까닭에, 언제나 인자하기만 한 것은 아니다. 하늘이 맑다가 흐리고 비까지 내리듯, 군자도 그때그때 상황에 따라 천변만화하기 때문이다.

따라서 군자는 옳은 것은 옳다고 하고 그른 것은 그르다고 할 뿐, 상대를 배려하기 위해 그른 것을 옳다고 하는 일은 없다. 인자해야 할 때 인자하고, 화를 내야 할 때 화를 내기 때문에 공자님께서 "군자면서 인자하지 못한 자가 있다."라고 말씀하신 것이다.

이 같은 맥락에서 공자님께서는 觚不觚(고불고) 觚哉(고재)! 觚哉(고재) 즉, 모가 나야 할 술잔이 모가 나지 않으면 어찌 술잔이겠느냐는 말씀을 통해 군자는 곧아야 할 때 곧고, 둥글어야 할 때 둥글며, 모가 나야 할 때 모가 남으로써 정형화된 틀을 고집함 없는 군자불기(君子不器)를 역설하신 바 있다.

그러나 사실 군자의 본마음은 언제나 인자하다. 다만 상황에 따라 인자하지 않은 듯한 겉모습을 띰에 따라 타인들에게 인자하지 않은 것으로 비춰질 수 있다. 이 같은 까닭에 겉모습에 초점을 맞춰, 군자는 인자할 때 인자하고, 인자하지 않아야 할 때 인자하지 않다고 표현하는 것뿐이다.

소인배도 얼마든지 인자한 듯 행동할 수 있다. 필요 이상으로 군자보다 더욱더 인자한 모습을 띨 수 있는 것이 소인배의 전매특허다. 그러나 소인배의 행동은 겉모습만 인자해 보일 뿐, 이득을 얻기 위한 수단으로써, 자기 자신을 위한 위선에 지나지 않기 때문에 공자님께서 "소인배면서 인자한 자는 없었다."라고 말씀하신 것이다.

동일한 맥락에서 공자님께서는 "巧言令色(교언영색) 鮮矣仁(선의

인)” 즉, 말을 함에 있어서 속마음과는 전혀 다르게, 겉으로는 상대를 배려하는 듯 그럴듯한 말을 꾸며서 하거나, 얼굴빛을 부드럽게 하는 것은 인자하지 못한 것이라고 분명하게 밝히신 바 있다.

49. 속이지 말고 직언하라

子路(자로) 問事君(문사군)
子曰(자왈) 勿欺也(물기야) 而犯之(이범지)

자로가 임금 섬기는 일에 대해 여쭈니, 공자님께서 말씀하시길, 임금님을 기만하지 말고, 임금의 권위를 범하라.

- 선해 -

임금을 섬기는 일의 핵심은 기만하지 않는 것이기 때문에, 임금일지라도 잘못된 점이 있으면 서슴지 말고 직언을 하라는 것이다.

임금의 권위를 범할지라도 비판할 것은 비판함으로써, 그 잘못된 점을 고칠 수 있도록 하는 것이 신하된 자의 도리이기 때문이다.

벌거벗은 채 행차하는 임금님을 보고, 한 어린아이만이 임금의 권위에 아랑곳하지 않고, "임금님이 벌거벗었다."라고 진실을 외친 것이 공자님께서 말씀하신 임금을 섬기는 일과 다르지 않음을 알 수 있다.

50. 군자는 위로, 소인은 아래로

子曰(자왈)

君子上達(군자상달) 小人下達(소인하달)

공자님께서 말씀하시기를, 군자는 위로 통달하고 소인배는 아래로 통달한다.

- 선해 -

군자가 위로 통달한다는 것은 맑고 밝은 본심을 중요시하며 의(義)를 지향하며 산다는 의미다. 즉 하늘의 뜻을 좇는 순천(順天)의 삶을 산다는 말이다.

반면 소인배가 아래로 통달한다는 것은, 어둡고 탁한 육체적인 욕심과 욕망을 중시하며 눈앞의 이득(利得)만을 추구하면서 산다는 의미다. 즉 하늘의 뜻을 거역하는 역천(逆天)의 삶을 산다는 말이다.

51. 남의 다리 긁는 일

子貢方人(자공방인)

子曰(자왈) 賜也賢乎哉(사야현호재)

夫我則不暇(부아즉불가)

자공이 누군가를 비난하자 공자님께서 말씀하시기를, 사는 뛰어나
구나. 나는 누군가를 욕할 만큼 한가하지 않은데.

- 선해 -

공자님께서 '사야' 하고 자공의 이름을 부르신 뒤, "뛰어나구나."라
고 하신 것은 누군가를 비난하는 데 정신이 팔린 제자를 위한 경책일
뿐, 정말로 자공이 뛰어나다고 칭찬을 하신 것이 아니다.

나는 누군가를 욕할 만큼 한가하지 않다는 말씀은 남의 다리나 긁
고 있는 자공에 대한 정문일침(頂門一鍼)임을 알 수 있다.

이 같은 맥락에서 예수님께서는 "형제의 눈 속에 있는 티는 보고,

네 눈 속에 있는 들보는 깨닫지 못하느냐? 네 눈 속에서 들보를 뺀 후에야 형제의 눈 속에서 티를 뺄 수 있다."라고 말씀하신 바 있다.

52. 남이 알아주지 않아도

子曰(자왈)

不患人之不己知(자왈불환인지불기지)

患其不能也(환기불능야)

공자님께서 말씀하시기를, 다른 사람이 자신을 알아주지 않는 것을 근심하지 말고, 자신의 능력이 부족함을 근심해야 한다.

- 선해 -

군자의 삶의 자세가 어떠해야 하는지를 극명하게 보여 주는 구절이다. 누군가 자신의 능력을 알아주지 않는다고 해서 근심하거나 그를 탓하는 것은 소인배의 짓일 뿐, 군자가 할 바가 아니다.

타인의 찬사나 비난에 마음이 흔들리며 중심을 잃는 일이 없어야 군자다. 자기 자신이 할 수 있는 최선을 다하면서, 잘못된 점이나 부족한 점을 발견하면 그 즉시 개선하고 보완할 뿐이다.

53. 하나로써 모든 것을 꿰뚫는다

子曰(자왈)

賜也(사야) 女以予爲多學而識之者與(여이여위다학이식지자여)

對曰(대왈) 然(연) 非與(비여)

曰非也(왈비야) 予一以貫之(여일이관지)

공자님께서 말씀하시기를, 사야! 너는 내가 많이 배워서 그것을 알고 있는 사람이라고 생각하느냐? 자공이 대답하기를, 그렇습니다. 그런 것이 아닙니까? 공자님께서 말씀하시기를, 아니다. 나는 하나로서 관통했을 뿐이다.

- 선해 -

공자님께서는 바닷가에 있는 모래알을 하나하나 세듯이 세상의 온갖 지식을 일일이 배워서 아신 것이 아니라는 말씀이다.

이 세상의 모든 것들을 존재하게 하는 존재인 '하나' 즉, 하늘의 성품인 내면의 명덕(明德)을 밝힘으로써 세상 일치를 하나로 꿰어 달통했다는 말씀이다.

공자님뿐만 아니라, 동서고금의 모든 성현들께서는 단순히 배워서 습득한 지식을 활용하는 차원을 넘어, 내면의 밝은 덕을 밝힘으로써 저절로 발현되는 반야 지혜를 쓸 뿐이다.

격물치지(格物致知) 즉, 대상과 감통(感通)하여 하나 됨으로써 앎이 다하고 희로애락(喜怒哀樂)도 일어나기 전인 중(中)의 마음을 발(發)하여 쓰는 것이 곧 하나로서 관통하는 것이다.

***

鳶飛戾天(연비려천)

魚躍于淵(어약우연)

솔개는 날아 하늘에 이르고,

물고기 못에서 뛰어오르네.

— 詩經 —

54. 말할 때와 하지 말아야 할 때

子曰(자왈)

可與言而不與之言(자왈가여언이불여지언) 失人(실인)

不可與言而與之言(불가여언이여지언) 失言(실언)

知者(지자) 不失人亦不失言(불실인역불실언)

공자님께서 말씀하시기를, 더불어 말할 수 있는데도 말을 하지 않으면 사람을 잃고, 더불어 말해선 안 되는데도 말을 하면 말을 잃는다. 아는 자는 사람도 잃지 않고 말도 잃지 않는다.

- 선해 -

말은 뜻을 주고받음으로써 서로가 서로를 발전시키며 상생(相生)하기 위한 약속된 부호다. 따라서 서로가 뜻이 통할 수 있다면, 당연히 대화를 통해 친민(親民)함이 마땅하다.

반면 서로가 바라보는 곳이 다르고 뜻이 다르다면 정상적인 대화가 어렵다. 특히 어느 한쪽에서 자신의 주장을 일방적으로 관철하기 위한 말은 하지 않는 것이 예(禮)에 합당하다.

이 같은 까닭에 공자님께서는 말을 할 때 하고, 하지 말아야 할 때 하지 않은 것이 지혜로운 군자로서, 사람도 말도 잃지 않는다고 말씀하신 것이다.

55. 군자는 자신에게서 구한다

子曰(자왈)

君子求諸己(군자구저기)

小人求諸人(소인구저인)

공자님께서 말씀하시기를, 군자는 자기 자신에게서 구하고, 소인은 타인에게서 구한다.

- 선해 -

군자는 어떠한 문제가 발생했을 경우, 그 원인을 타인에게서 찾거나, 남 탓으로 돌리며 책임을 회피하는 짓은 하지 않는다. 최선을 다하여 자신의 역할에 충실한 뒤, 문제가 발생하면 즉시 인정하고 고칠 뿐이다.

이 같은 까닭에 공자님께서는 화살이 정곡을 벗어나면, 자기 자신의 자세를 바로잡을 뿐, 활이나 화살을 탓하지 않아야 군자라고 말씀하셨다.

반면, 소인배는 어떤 일이 잘되면 무조건 자신의 공으로 여기고, 잘못되면 그 원인을 타인에게서 찾으려 한다. 하다못해 조상 탓이라도 하면서 모든 책임을 타인에게 전가하는 데 급급해하므로 스스로가 자신의 발전을 저해하는 짓을 일삼는다.

56. 말로써 천거하지 않는다

子曰(자왈)

君子不以言擧人(군자불이언거인)

不以人廢言(불이인폐언)

공자님께서 말씀하시기를, 군자는 말로써 사람을 천거하지 않고, 사람을 보고 그 사람의 말을 버리지 않는다.

- 선해 -

군자는 말로써 사람을 천거하지 않는다는 것은, 아무리 훌륭한 말을 한다고 해도 지행합일이 되지 않는다면 별 소용이 없음을 강조한 말씀이다.

사람을 보고 그 사람의 말을 버리지 않는다는 것은, 겉모습이 남루하거나 지위가 낮거나 세 살짜리 어린아이일지라도 그 하는 말이 옳으면 귀 담아 듣고 실행에 옮겨야 한다는 말씀이다.

57. 종신토록 행할 한마디

子貢問曰(자공문왈)
有一言而可以終身行之者乎(유일언이가이종신행지자호)

子曰(자왈) 其恕乎(기서호)
己所不欲(기소불욕) 勿施於人(물시어인)

자공이 여쭙기를, 종신토록 행할 만한 한마디의 말이 있습니까?

공자님께서 말씀하시기를, 그것은 용서가 아니겠느냐?
자신이 원하지 않는 일을 남에게 행하지 말라.

- 선해 -

공자님께서 말씀하신 서(恕)란 글자는 如(같을 여)와 心(마음 심)을 합한 글자다. 두 사람의 마음이 같다는 의미다. 따라서 갑과 을의 관계 속에서 고양이가 쥐를 생각하는 마음과 표정으로 상대의 잘못을 문제 삼지 않는 것이 서(恕)일 수 없다.

공자님께서 말씀하신 용서란, 연필을 깎다가 오른손이 왼손에 상처를 입혔다고 해서 오른손이 왼손에 용서를 구하거나, 왼손이 오른손을 용서하고 말고가 없듯이, 두 사람의 마음이 다르지 않음을 말한다.

두 사람의 마음이 다르지 않은 까닭에 너의 아픔이 나의 아픔이고, 나의 아픔이 너의 아픔이듯, 두 마음이 한마음이 되는 것이 진정한 서(恕)인 용서이기 때문이다.

유마거사의 "중생이 아프니 나 또한 아프다."라는 말씀과도 같은 의미며, 예수님의 "네 이웃을 네 몸처럼 사랑하라."라는 말씀과도 일맥상통함을 알 수 있다.

자신의 욕심과 욕망을 텅 비워 냄으로써 업식의 '나'를 이기고 예로 돌아간 군자가 아니면 진정한 용서를 행한다는 것은 지난한 일이다.

이 같은 까닭에 공자님께서는 평생 동안 행할 한마디의 말로 '서'(恕)를 말씀하신 후, 다시 자신이 원하지 않는 것을 다른 사람에게 행하지 말 것을 당부하신다.

용서하고 용서받을 일 없이 한마음이 되는 군자행이 어렵다면, 역지사지(易地思之)함으로써 자신이 당해서 싫은 일을 타인에게 행하지만 않아도 소인배를 면하기에 충분할 것이다.

58. 지공무사하게 대할 뿐

子曰(자왈)
衆惡之(중악지) 必察焉(필찰언)
衆好之(중호지) 必察焉(필찰언)

공자님께서 말씀하시기를, 사람들이 미워할지라도 반드시 살피고
사람들이 좋아해도 반드시 살핀다.

- 선해 -

소인배는 누군가 자신을 미워한다고 생각하면, 그가 하는 말을 잘
듣지 않는다. 어떤 말을 하는지 제대로 살피지도 않고 부정하기 일쑤
다. 반면 누군가 자신을 좋아한다고 생각하면, 그가 하는 말을 충분히
검토해 보지도 않은 채, 공감하고 동조하기 쉽다.

그러나 군자는 원근친소를 여읜 중(中)의 마음으로 매순간 최선을
다해 살핌으로써, 자신을 싫어하는 사람의 말도 받아들일 것은 받아
들이고, 자신을 좋아하는 사람의 말도 거절할 것은 거절할 뿐이다.

59. 사람이 도를 넓힌다

子曰(자왈)

人能弘道(자왈인능홍도) 非道弘人(비도홍인)

공자님께서 말씀하시길, 사람이 능히 도를 넓히는 것이지 도가 사람을 넓히는 것이 아니다.

- 선해 -

도는 좁고 넓음이 없다. 사람이 좁으면 그의 도가 좁은 것이고, 사람이 넓어지면 그의 도가 넓은 것이다. 하늘은 스스로 돕는 자를 도울 뿐인 까닭에, 각자의 그릇에 따라 도를 담을 수밖에 없기 때문이다.

의상 조사께서는 법성게를 통해 설하신 "우보익생만허공(雨寶益生滿虛空) 중생수기득이익(衆生受器得利益)" 즉, 중생들에게 유익한 보배 비가 허공에 가득하니 중생들이 각자의 그릇에 따라 이익을 얻는다는 가르침도 공자님의 말씀과 일맥상통함을 알 수 있다.

60. 잘못을 바로잡지 않는 잘못

子曰(자왈)

過而不改(과이불개 **是謂過矣**(시위과의)

공자님께서 말씀하시기를, 잘못을 개선하지 않는 것, 이것이 바로 잘못이다.

- 선해 -

사람은 누구나 실수를 할 수 있고, 잘못을 저지를 수 있다. 승패병 가지상사(勝敗兵家之常事) 즉, 목숨을 걸고 싸우는 전쟁터에서 조차 이기고 지는 일은 빈번하게 일어난다.

마찬가지로 인생을 살아가면서 실수도 하고 잘못도 하는 일은 종종 일어날 수 있는 다반사일 수밖에 없다.

단지 모르기 때문에 실수를 하고, 잘못을 저지르는 것은 있을 수 있 지만, 잘못인 줄 뻔히 알면서도 바로잡지 않는다거나 동일한 실수를 반복하는 일은 스스로도 용납해선 안 된다.

이 같은 까닭에 공자님께서는 잘못을 바로잡지 않는 것이야말로 가장 큰 잘못임을 강조하신 것이다.

61. 말은 뜻을 전달할 뿐

子曰(자왈)

辭達而已矣(사달이이의)

공자님께서 말씀하시기를, 말은 그 뜻을 전달할 따름이다.

- 선해 -

말은 서로가 서로에게 자신의 뜻을 전달함으로써 의사를 소통하기 위한 약속된 부호일 뿐, 그 밖의 다른 의미가 있는 것은 아니다.

영어든, 한국말이든, 어려운 말이든 말이란, 자신의 뜻을 상대방에게 전달함으로써 서로가 서로를 이해하며 친민(親民)하는 도구일 뿐이라는 것이 공자님의 말씀이다.

말의 겉 무늬에 사로잡힌 채, 그 말이 내포하고 있는 진실한 속뜻을 놓친다면, 마치 달을 보라고 가리키는 손가락에 정신을 빼앗겨서, 정작 보아야 할 달을 보지 못하는 것과 같다.

군자라면 말을 듣는 순간, 흙덩이를 던지면 그 흙덩이를 던진 사람을 무는 영리한 사자가 되어야 한다. 그렇지 않고 한나라 개처럼 흙덩이를 쫓아가서 덥석 문다면 어찌 소인배를 면할 수 있겠는가?

62. 성품은 같고 습관이 다르다

子曰(자왈)

性相近也(성상근야) **習相遠也**(습상원야)

공자님께서 말씀하시기를, 사람이 성품은 비슷하지만, 습관은 다르다.

- 선해 -

모든 사람이 하늘로부터 명(命)받은 성품인 천성은 다르지 않다. 태양처럼 높고 밝은 내면의 명덕은 아무런 차이가 없기 때문이다.

그러나 어떠한 생각과 어떠한 말과 어떠한 행동을 지속적으로 반복하느냐에 따라 서로 다른 습관이 형성되고, 그 습관에 따라 서로 다른 삶을 살아가게 된다는 것이 공자님 말씀의 요지다.

공자님께서 말씀하신 습상(習相)은 바로 불교의 아상(我相)이다. 아상(我相)을 여의고 불성(佛性)을 깨닫는 것과 습상(習相)을 여의고 예로 돌아가는 극기복례(克己復禮)가 다르지 않음을 알 수 있다.

63. 지혜로운 자와 어리석은 자

子曰(자왈)
唯上知與下愚不移(유상지여하우불이)

공자님께서 말씀하시기를, 최상의 지혜를 가진 사람과 가장 어리석은 사람만이 그 뜻을 옮기지 않는다.

- 선해 -

최상의 지혜를 가진 자는 매 순간 온전히 깨어서 생각하고 말하고 행동한다. 과거의 그 어떤 습관에도 얽매이지 않는 까닭에 그때그때 상황에 딱 들어맞는 바른 생각과 바른 말과 바른 행동을 할 수 있다. 이 때문에 굳이 생각과 말과 행동을 바꿀 필요가 없다.

지혜로운 사람은 희로애락(喜怒哀樂)이 발하기 전 중(中)의 마음에서 생각하고 말하고 행동하기 때문에 항상 절도에 맞는다는 중용의 가르침인 발이개중절(發而皆中節)과도 다르지 않음을 알 수 있다.

어리석은 소인배는 우물 안의 개구리처럼 손바닥으로 하늘을 가린 채, 자신의 생각과 말과 행동이 전부라는 생각에 빠져 있기 때문에, 자신의 생각과 말과 행동이 잘못됐음에도 불구하고 전혀 바꿀 마음이 없다는 점에서 지혜로운 사람과 같다는 것이 공자님의 말씀이다.

64. 향원은 덕의 적

子曰(자왈)

鄕愿德之賊也(향원덕지적야)

공자님께서 말씀하시기를, 향원은 덕의 적이다.

- 선해 -

하늘이 명한 참된 성품 및 그 작용이 덕(德)이다. 따라서 자신을 이기고 예로 돌아간 군자가 지나치거나 모자람이 없이 중(中)의 마음을 쓰는 것이 덕(德)을 베푸는 것이다.

이와 같은 덕(德)의 적 즉, 덕을 해치는 향원이란 무엇인가? 향원에 대해선 다양한 해석들이 공존하고 있지만, 인의를 저버리고 군자의 행실에 반하는 짓을 하는 소인배를 향원으로 보면 큰 문제는 없을 듯하다.

향원(鄕原)을 글자 그대로 풀이하면 '시골의 언덕'이다. 고산준령(高

山峻嶺)도 아니고, 그렇다고 해서 평평한 문전옥답도 아닌 시골의 언덕이 곧 향원이다.

따라서 높지도 않고 낮지도 않고 어중간한 시골의 언덕처럼, 아는 것도 아니고 모르는 것도 아닌 채, 입으로는 인의예지를 말하면서도 정작 행동은 끊임없이 눈앞의 이득을 좇는 소인배가 바로 향원임을 알 수 있다.

이 같은 맥락에서 공자님께서는 '마을 사람들이 모두 좋아하는 것과 마을 사람들이 모두 미워하는 것은 어떠냐'는 자공의 질문에 둘 다 옳지 않다고 대답하신다. 이어 不如鄕人之善者好之(불여향인지선자호지) 其不善者惡之(기불선자악지) 즉, 마을 사람들 중에서 착한 사람이 좋아하고, 착하지 않은 사람들이 미워함만 같지 못하다고 말씀하신다.

착하지 못한 소인배의 짓에 대해선 분명하게 틀리다고 말하고, 착한 사람들에 대해선 옳다고 말하는 것이 군자인 반면, 소인배는 그때그때 필요에 따라 착한 사람들 편에 붙었다가 못된 사람들 편에 붙었다가 하는 까닭에 마을 사람들 모두가 좋아하는 것은 옳지 않다는 것이 공자님의 말씀이다.

이처럼 착한 사람의 편에 섰다가, 착하지 못한 사람들 편에 서는 등 자신의 이득을 위해 어떠한 원리원칙도, 지조도 없이 왔다 갔다 하는 이중적 모습이 높은 산도 아니고 평지도 아닌 어중간한 시골의 언덕과 유사한 까닭에, 겉으로는 인의를 내세우면서도 내심 이득을 좇는 자를 덕을 해치는 향원이라고 지칭하지 않았을까?

0점 조정이 된 저울처럼 지공무사한 중(中)의 마음을 쓰는 군자는 아는 것은 안다고 하고 모르는 것은 모른다고 하며, 옳은 것은 옳다고 하고 그른 것은 그르다고 할 뿐이다. 군자와 달리 소인배의 전형인 향원은 이도 저도 아닌 채 두루뭉술하게 자신의 이득에 초점을 맞춘 채, 오락가락하며 동이불화(同而不和)함으로써 덕을 해칠 뿐이다.

이 같은 까닭에 공자님께서는 觚不觚(고불고) 觚哉(고재)! 觚哉(고재) 즉, 고가 고답지 않으면 어찌 고이겠느냐는 말씀도 하신 바 있다. 고란 모난 술잔으로, 매사에 둥글기만 한 것이 올바른 것이 아니라, 모가 난 행동을 해야 할 때는 모가 난 행동을 함으로써 기꺼이 착하지 못한 사람들의 미움을 받는 것이 군자임을 강조하신 말씀이다.

제4부

맹자
(孟子)

性善說

喜, 怒, 哀, 樂, 愛, 惡, 慾 七情

求其放心 存夜氣 **浩然之氣**

仁義禮智 四端

惻隱之心 羞惡之心 辭讓之心 是非之心

대학과 중용이 유학의 일관된 체계를 보이며 큰 줄기를 제시하고 있다면, 맹자는 논어와 마찬가지로 일상적 상황 속에서 유교의 가르침이 어떻게 구현되고 있는가를 명료하게 보여 줍니다. 맹자님이 주변의 인연들을 만나 인의예지의 가르침을 펴고 있는 생생한 문답들을 기록하고 있는 맹자는 양혜왕에서 진심에 이르기까지 총 7편으로 구성돼 있습니다.

유학의 총론이라고 할 수 있는 대학과 중용을 공부했다면, 각론적 성격을 띠는 맹자를 따로 공부하지 않아도 맹자님이 무엇을 가르치고 전하고자 했는지 이해할 수 있습니다. 이 같은 까닭에 맹자를 낱낱이 해설하는 것은 생략하고, 맹자의 전체를 관통하고 있는 대의가 무엇인지에 알아본 뒤, 맹자님의 골수가 배어 있는 핵심 구절들을 발췌해서 간략하게 살펴보겠습니다.

제1장. 맹자의 대의

1. 병의 진단 및 치료

맹자의 사상은 하늘이 명한 성품을 간직하고 있는 까닭에 모든 인간은 본래 착하다는 성선설(性善說)에서 출발합니다. 대학 중용 논어의 가르침과 전혀 다르지 않습니다. 맹자의 가르침을 보다 쉽게 이해하기 위해선 병의 진단과 치료 및 건강을 회복한 이후의 삶 등 3단계로 구분하여 살펴볼 수 있습니다. 먼저 병의 진단 및 치료에 대해 살펴보겠습니다.

1) 병의 진단

인간의 삶이 불행한 것은 칠정(七情) 즉, 희(喜) 노(怒) 애(哀) 락(樂) 애(愛) 오(惡) 욕(慾)으로 인해서 중(中)의 마음이 들뜨고 흐트러지고

탁해짐에 따라 본래의 밝음을 잃었기 때문이라고 보는 것이 맹자의
견해입니다.

2) 치료법

칠정으로 인해 들뜨고 흐트러지고 탁해진 마음을 희로애락애오욕
이 일어나기 이전의 중(中)으로 되돌리기 위해선 어떤 방법이 있을까
요? 맹자가 제시하는 중(中)을 회복하는 방법은 들뜨고, 흐트러지고,
탁해진 마음을 가라앉히고, 모으고, 밝히는 구기방심(求其放心)으로
대학의 지정(止定)과 같습니다. 두 번째 방법은 고요하면서도 또렷한
중(中)의 마음을 유지하는 존야기(存夜氣)로 대학의 정안(靜安)과 같습
니다.

2. 호연지기와 인의예지

　호연지기는 구기방심 및 존야기 수행을 통해 회복된 공적영지한 중(中)의 마음 즉, 하늘이 명한 천성의 명덕과 다르지 않습니다. 존야기를 무심(無心) 무극(無極)에 비유한다면, 호연지기는 무심 무극의 발현인 일심(一心) 태극(太極)으로 이해해도 무방합니다. 그러나 실상은 무심이 일심이고, 무극이 태극일 뿐, 무극 무심과 태극 일심을 구분하는 것은 이해를 돕기 위한 방편에 지나지 않습니다.

　맹자는 명덕을 밝히고 중용을 행하며 친민(親民)하는 군자의 삶을 칠정을 벗어나 인의예지(仁義禮智) 사단(四端)을 쓰는 삶으로 표현했을 뿐입니다. 맹자에 수록된 수많은 이야기들 또한 중(中)에 굳건하게 뿌리를 내리고 있는 호연지기가 각각의 상황에 맞게 인의예지로 발현된 사례들을 기록한 것일 뿐, 특별할 것은 없습니다.

　인(仁)은 측은지심(惻隱之心)으로 자타(自他)의 구분이 없는 중(中)의 마음으로 이웃의 아픔을 외면치 않는 것입니다. 즉, '나'만을 생각하는 소아적이고 이기적인 마음을 벗어나, 타인을 배려하고 사랑하는 대아적(大我的)이고 이타적인 측은지심(惻隱之心)을 일으키는 것이 인

(仁)의 마음을 쓰는 것입니다.

의(義)는 수오지심(羞惡之心)으로 잠시 잠간이라도 중(中)을 벗어나 자타를 구분하며 이득을 좇는 짓을 부끄러워하고 용납지 않는 것입니다. 즉, 나만 생각하는 '나'뿐인 놈이 되어서 인(仁)의 마음을 쓰지 않는 자신을 부끄러워하고 미워하는 수오지심(羞惡之心)을 일으키는 것이 의(義)의 마음을 쓰는 것입니다.

예(禮)는 사양지심(辭讓之心)으로 중(中)의 자리가 충만해져서 바깥 경계를 향해 욕심을 내지 않을 뿐만 아니라, 어떠한 상황 속에서도 안분지족하며 양보하고 배려하는 마음 작용을 말합니다. 즉, 자신이 욕심을 부리지 않을 뿐만 아니라, 저절로 주어지는 이익일지라도 인의에 어긋나거나 자신의 분수 밖이면 주저함 없이 사양하거나 타인에게 양보하는 사양지심(辭讓之心)을 일으키는 것이 예(禮)의 마음을 쓰는 것입니다.

지(智)는 시비지심(是非之心)으로 0점 조정이 잘돼 있는 저울이 어떠한 인연에도 걸림 없이 정확하게 무게를 재듯, 굳건해진 중(中)의 마음으로 온갖 경계 속으로 뛰어들어 옳고 그름을 가리며 그릇됨을 바로잡고 문제를 해결하는 것입니다. 즉, 인과 의와 예에 투철한 지공무사한 마음으로, 0점 조정된 저울이 무게를 재듯, 무엇이 옳고 무엇이 그른지를 가리는 시비지심(是非之心)을 일으키는 것이 지(智)의 마음을 쓰는 것입니다.

　중(中)의 마음을 인의예지(仁義禮智)로 세분할 줄 아는 알음알이가 중요한 것은 아닙니다. 하늘이 명한 내면의 밝은 성품인 명덕(明德)을 밝히는 일이 중요합니다. 명덕(明德)을 밝히고 극기복례(克己復禮)함에 따라, 매 순간 넘치거나 모자람 없는 중(中)의 마음으로 자신이 처한 상황에 딱 들어맞게 인의예지를 쓰는 지행합일의 삶이 중요할 뿐입니다.

　모든 이론과 주의주장 및 그 어떤 성현의 가르침도 명덕(明德)을 밝힘으로써, 소아적이고 이기적인 업식의 '나'를 이기고 예(禮)로 돌아가 대아적(大我的)이고 이타적인 군자(君子)로 거듭나기 위한 방편일 뿐입니다. 명덕을 밝히고 난 후에 친민(親民)하고, 자각(自覺)한 후에 각타(覺他)하는 보살행을 실천하고, 빛과 하나 되는 화광(和光) 이후에 티끌 먼지 속을 활보하는 동진(同塵)이 가능하고, 심령이 가난한 자로 거듭난 후에 비로소 이웃을 제 몸처럼 보살피고 원수를 사랑할 수 있기 때문입니다.

제2장· 맹자님의 법향(法香)

1. 어찌 이득을 말하는가?

孟子見梁惠王(맹자견양혜왕) 王曰叟不遠千里而來(왕왈수불원천리
이래) 亦將有以利吾國乎(역장유이이오국호)

맹자가 양혜왕을 만났는데, 왕이 말하기를, 선생께서는 천리를 멀
다 않고 오신 것은, 장차 이 나라에 어떤 이익을 주시려 함입니까?

孟子對曰王何必曰利(맹자대왈왕하필왈이) 亦有仁義而已矣(역유인
의이이의)

맹자가 대답하기를, 하필 이익을 말씀하십니까? 단지 인의가 있을

따름입니다.

王曰何以利吾國(왕왈하이이오국) 大夫曰何以利吾家(대부왈하이이오가) 士庶人曰何以利吾身(사서인왈하이이오신) 上下交征利而國危矣(상하교정이이국위의)

왕이 나라의 이익만을 생각하면, 대부들은 어찌하면 내 집에 이익이 될까를 생각하고, 선비나 서민들은 제 한 몸의 이익만을 생각할 것입니다. 윗사람이나 아랫사람이 모두 이득만을 취하려 한다면, 나라가 위태로울 것입니다.

萬乘之國(만승지국) 弑其君子(시기군자) 必千乘之家(필천승지가)
千乘之國(천승지국) 弑其君子(시기군자) 必百乘之家(필백승지가)

만승의 나라에서 그 왕을 시해하는 자는 천승의 가문이고, 천승의 나라에서 그 왕을 시해하는 자는 백승의 가문입니다.

萬取千焉(만취천언) 千取百焉(천취백언) 不爲不多矣(불위불다의)
苟爲後義而先利(구위후의이선리) 不奪不饜(불탈불염)

만승의 나라에서 천승을 가지고 있고, 천승의 나라에서 백승을 가지고 있는 것은 적은 것이 아닙니다. 그럼에도 불구하고 구차하게 의를 뒤로 하고 이익만을 앞세운다면, 모든 것을 빼앗지 않고서는 만족이 안 될 것입니다.

未有仁而遺其親者也(미유인이유기친자야) 未有義而後其君者也(미유의이후기군자야) 王亦曰仁義而已矣(왕역왈인의이이의) 何必曰利(하필왈이)

어질면서 그 부모를 버리고, 의로우면서 그 임금을 뒤로한 사람은 아직 없습니다. 왕께서는 오직 인의만을 말씀할 뿐이지, 어찌 이익을 말씀하십니까?

- 선해 -

인간이 느끼는 감정은 좋다, 그저 그렇다, 나쁘다 등 세 가지 정도로 대별 할 수 있다. 따라서 과거에 경험한 좋은 일에 대한 기억은, 그와 유사한 일이 보다 큰 규모로 더 빈번하게 자주 일어나기를 바라는 욕심과 욕망을 일으킨다. 반대로 과거에 경험한 좋지 않은 일에 대한 기억은 그와 유사한 일이 보다 더 작은 규모로 아주 가끔씩 일어나거나 일어나지 말았으면 하는 바람과 두려움을 만들어 낸다. 그저 그랬던 기억은 그대로 묻히기 일쑤다.

과거에 경험했던 일들에 대한 기억뭉치인 업식의 '나'가 좋았던 일은 점점 더 크게 자주 일어나기를 바라고, 나빴던 일은 보다 작은 규모거나 아예 일어나지 않기를 바라는 욕심과 욕망 등 탐심(貪心)이 인간의 삶을 불행으로 치닫게 하는 주범 중의 주범임을 알 수 있다.

이 같은 맥락에서 불교는 탐진치(貪嗔痴) 삼독심을 제도하기 위한 계정혜(戒定慧) 삼학을 수행의 근간으로 삼고 있다. 탐진치 삼독심이란 것은 다름 아닌 '나'의 이득을 생각하고 바라는 탐심에서 비롯돼 자신이 바라는 욕심과 욕망이 충족되지 않음에 따라 화를 내는 진심, 화가 나면 분노에 휩싸이며 어리석어지는 치심으로 확장된다.

맹자의 첫 가르침도 결국 한 나라를 다스리며 풍족한 삶을 사는 양혜왕이 맹자와의 첫 만남에서 두 사람의 만남이 자신에게 어떤 이득이 있는가를 묻는 것으로 시작한다. 인간의 삶을 행불행으로 삐걱거리게 하는 주범이 탐심이기 때문이다.

맹자는 양혜왕의 질문에 대해, 오직 어짊과 올바름인 인의(仁義)가 있을 뿐이지, 어찌 이득을 말하느냐는 반문으로 단호하면서도 완고하게 대답한다. 첫 가르침을 통해 알 수 있듯이, 맹자의 전편을 관통하는 핵심은 '어떻게 욕심을 비워 내고 양심(良心)을 밝힘으로써 모두가 다 함께 상생(相生)할 수 있는 인의(仁義)에 투철한 삶의 구현'일 뿐이다.

자신의 내면에 똬리를 틀고 있는 욕심과 욕망의 노예가 된 채, 눈앞의 이득만을 좇는다면, 특히 한 나라의 왕이 나라의 이익만을 생각하면 그 아래 대부, 선비, 서민들 또한 제 한 몸의 이익만을 생각할 것은 불을 보듯 뻔해서 나라가 위태로워질 것을 쉽게 짐작할 수 있다. 소인배의 전유물인 욕심의 속성이 자신보다 더 많이 가진 타인의 모든 것을 빼앗지 않고는 충족되지 않는 까닭에, 만승의 부자는 천승 부자에게 시해당하고, 천승의 부자는 백승 부자를 시해당할 수밖에 없기 때문이다.

결국 대학의 가르침인 명덕(明德)을 밝히는 일, 중용의 가르침인 지나치거나 모자람이 없는 중(中)의 마음을 회복하는 일, 눈앞의 이득을 좇는 '나'를 이기고 예(禮)로 돌아가는 극기복례(克己復禮), 인의예지(仁義禮智) 사단에 투철한 올곧은 삶을 구현해 내는 일이 그 무엇보다도 더 시급한 이 시대의 화두임을 알 수 있다.

"어질면서 그 부모를 버리고, 의로우면서 그 임금을 뒤로한 사람이 없다."라는 말에서 알 수 있듯이, 예나 지금이나 모두가 다 함께 살기 좋은 신명나는 세상을 이룩하기 위해선, 욕심과 욕망의 노예로 전락한 업식의 '나'를 이기고 양심(良心)을 회복하는 일이 최우선적인 선결 과제가 되어야 함은 너무나 당연하다.

2. 오 십 보, 백 보

梁惠王曰寡人之於國也(양혜왕왈과인지어국야) 盡心焉耳矣(진심언
이의) 河內凶(하내흉) 則移其民於河東(즉이기민어하동) 移其粟於河
內(이기속어하내) 河東凶(하동흉) 亦然(역연)

양혜왕이 말하기를, 과인은 나랏일을 함에 있어 모든 마음을 다 바
칩니다. 하내 지방에 흉년이 들면 백성들을 하동 지방으로 옮기고 하
동의 식량을 하내로 보냅니다. 하동 지방에 흉년이 들어도 또한 그렇
게 합니다.

察鄰國之政(찰린국지정) 無如寡人之用心者(무여과인지용심자)
鄰國之民不加少(린국지민불가소) 寡人之民不加多(과인지민불가다)
何也(하야)

이웃 나라의 정치를 살펴보면, 과인과 같이 백성을 위해 마음 쓰는
자가 없습니다. 그럼에도 불구하고 이웃 나라의 백성들이 줄지도 않
고, 과인의 백성들이 늘지도 않습니다. 어찌된 까닭입니까?

孟子對曰王好戰(맹자대왈왕호전) 請以戰喩(청이전유) 塡然鼓之(전연고지) 兵刃旣接(병인기접) 棄甲曳兵而走(기갑예병이주) 或百步而後止(혹백보이후지) 或五十步而後止(혹오십보이후지) 以五十步(이오십보) 笑百步(소백보) 則何如(즉하여)

맹자가 대답하기를, 왕께선 전쟁을 좋아하시니 전쟁을 비유로 들겠습니다. 북이 울리고 접전이 벌어졌는데 갑옷을 벗어던지고 병기를 끌며 도주했는데, 어떤 병사는 백 보를 도망쳤고 어떤 병사는 오십 보를 도망치고 멈췄습니다. 오십 보 도망친 병사가 백 보 도망친 병사를 비웃는 것은 어떻습니까?

曰不可(왈불가) 直不百步耳(직불백보이) 是亦走也(시역주야)

왕이 대답하길, 있을 수 없는 일입니다. 다만 백 보가 아닐 뿐, 이 또한 도망친 것입니다.

曰王如知此(왈왕여지차) 則無望民之多於隣國也(즉무망민지다어린국야)

맹자가 말하기를, 왕께서 만약 이것을 아신다면, 이웃 나라보다 백성이 많기를 바라지 마십시오.

- 선해 -

　왕이 백성들을 진심으로 사랑하는 것만이 친민(親民)이다. 왕이 자신의 지위를 유지하기 위해 나라를 필요로 하고, 그 나라를 유지하기 위한 수단으로 부리고 쓸 백성들을 필요로 하는 것이라면 결코 그 어떤 것도 진정한 의미의 친민(親民)일 수 없다.

　농부가 봄에 씨앗을 뿌리고 가을에 추수를 하는 것은 자신과 가족들의 식량을 마련함으로써 생명을 유지하고 삶을 누리기 위함이다. 그리고 봄날 씨를 뿌리기 위해 밭을 갈아야 하고, 밭을 갈기 위해선 힘센 소가 필요하다. 이 때문에 농부가 겨울 내내 소를 먹이고 돌보는 것이다. 이는 소를 수단으로 쓰기 위함일 뿐, 소를 사랑하는 것이 아니다.

　농부의 경우처럼 왕이 자신의 나라를 유지하기 위한 필요에 의해 백성을 돌보는 것은 사랑이 아니다. 이웃 나라와의 전쟁에서 승리해야만 자신의 나라가 존속되는 까닭에, 백성들에게 글을 가르치고 무예를 가르친다면, 이 또한 자신을 위해 백성들을 보다 유용한 수단으로 삼기 위한 것일 뿐, 진정한 사랑에 따른 친민(親民)일 수 없다.

　이 같은 까닭에 대학은 두 번째 강령인 친민(親民)의 전제 조건인 첫 번째 강령으로 내면의 밝은 덕을 밝히는 명명덕(明明德)을 제시하고 있다. 하늘이 명한 내면의 성품인 명덕(明德)을 밝힘으로써 비로소 자신과 타인이 모두 다 함께 하늘의 성품을 명(命)받은 만물의 영장이란 사실을 깨닫고, 서로가 서로를 진심으로 사랑할 뿐, 결코 수단시하지 않기 때문이다.

양혜왕이 하동과 하내 지방에 흉년이 들었을 때, 백성들을 잘 보살폈다는 것은 자신의 생각일 뿐, 진심으로 백성들을 사랑하지 않았기 때문에 이웃 나라와 견주어 백성이 늘어나지도 줄어들지도 않는 결과로 나타났다. 전쟁터에서 오십 보를 후퇴한 것과 백 보를 후퇴한 것이 정도의 차이만 있을 뿐, 후퇴했다는 점에서 다르지 않듯, 양혜왕과 이웃나라의 왕이 모두 백성에 대한 진정한 친민(親民)을 베풀지 못한 채, 수단시했음을 알 수 있다.

공자님께서는 정치에 대해 묻는 섭공의 질문에 "近者說(근자열) 遠者來(원자래)"라고 대답하신 바 있다. '성심을 다해 가까이 있는 자들을 기쁘게 함으로써 먼 곳에 있는 자들이 몰려오도록 하는 것'이 정치의 본질이라는 말이다. 이 대목만 보아도 양혜왕이 진심을 다해 백성을 사랑하고 기쁘게 하는 선정을 베풀지 못했음을 쉽게 유추할 수 있다.

3. 때를 알면

不違農時(불위농시) 穀不可勝食也(곡불가승식야))
數罟(촉고) 不入洿池(불입오지) 魚鼈(어별) 不可勝食也(불가승식야)
斧斤(부근) 以時入山林(이시입산림) 材木(재목) 不可勝用也(불가승
용야)

농사철을 어기지 않으면 곡식은 배불리 먹어도 다함이 없을 것이
고, 촘촘한 그물을 작은 못에 던지지 않으면 물고기와 자라를 배불리
먹어도 다함이 없을 것이며, 도끼를 가지고 때를 맞추어 산림에 들면
목재를 쓰고 또 써도 다함이 없을 것이다.

- 선해 -

하늘이 명(命)한 내면의 성품인 명덕(明德)을 밝힘으로써 천지만물
의 본말(本末)과 일의 시종(始終) 및 먼저 할 일과 나중에 할 일을 알
게 된다는 대학의 가르침이, 구체적으로 현실에 어떻게 적용되는가를
극명하게 보여 주는 가르침이다.

해마다 입춘이란 절기가 들면서 봄이 시작되지만, 매년 봄이 다 똑같은 날씨를 보임으로써 씨 뿌리는 시점이 동일한 것은 아니다. 천지 자연의 운행이 일정한 궤도를 그리면서도 변화무쌍하고, 변화무쌍한 가운데 일정한 궤도를 유지하고 있기 때문이다.

따라서 매년 봄마다, 곡식의 종에 따라 어느 때가 그 씨앗을 뿌려야 할 적기인가를 정확하게 판단해 파종해야만 배불리 먹고도 곡식이 다함 없는 풍년을 담보해 낼 수 있다.

물고기들이 다 자랄 때까지 기다리지 못하고, 서둘러 못에 촘촘한 그물을 던져 어린 물고기들을 잡거나, 어린 나무들을 도끼로 찍어 내는 일을 하지 않아야만 물고기들을 배부르게 먹고 넉넉하게 목재를 쓰게 된다는 것 또한 모든 일을 해야 할 최적기인 '때'를 강조한 말이다.

결국 곡식과 물고기 목재 등 풍요로운 삶, 행복한 삶을 영위하기 위해선 '때'를 알아야 한다는 것이다. 때를 안다는 것은 본말(本末)과 시종(始終) 및 선후(先後)를 안다는 것이고, 본말 시종 선후를 알기 위해선 하늘이 명한 내면의 신령스런 성품인 명덕(明德), 양심(良心)을 밝혀야 한다는 것이 이번 절의 가르침이다.

지나치거나 모자람이 없는 중(中)의 마음을 발(發)함으로써, 그 하는 일마다 절도에 딱 들어맞는다는 중용의 가르침인 발이개중절(發而皆中節) 및 모든 일을 행함에 있어 천지자연의 운행 시기와 일치하는 최적의 때에 맞춘다는 공자님의 가르침인 시중(時中)과도 다르지 않음을 알 수 있다.

4. 무항산 무항심

曰無恒産而有恒心者(왈무항산이유항심자) 惟士爲能(유사위능)
若民則無恒産(약민즉무항산) 因無恒心(인무항심)

맹자가 말하기를, 항산이 없어도 항심이 있는 것은 오직 선비라야
가능하다. 만약 백성들이 항산이 없으면, 그로 인해 항심을 잃게 된다.

苟無恒心(구무항심) 放辟邪侈(방벽사치) 無不爲已(무불위이)
及陷於罪然後(급함어죄연후) 從而刑之(종이형지) 是(시) 罔民也(망
민야) 焉有仁人在位(언유인인재위) 罔民而可爲也(망민이가위야)

만약 항심이 없다면, 방탕하고 편벽되고 삿되고 사치하지 않음이
없으니, 죄에 빠져든 후에 뒤늦게 형벌로 다스린다면 이는 백성을 그
물질하는 것이다. 어찌 어진 사람이 임금의 자리에 있으면서 백성을
그물질할 수 있겠는가?

- 선해 -

"무항산이어도 항심이 있는 것은 오직 선비라야 가능하다."라는 것은 선비만이 어떤 상황에서도 부동심(不動心)을 잃지 않을 뿐만 아니라, 눈앞의 이득에 대해서도 초연할 수 있음을 밝힌 말이다. 이때 선비는 하늘이 명(命)한 내면의 본성품인 명덕(明德)을 밝히고 극기복례(克己復禮)한 군자를 지칭한다.

무항산(無恒産)은 일정한 직업이 없는 까닭에 안정적인 경제 활동이 이뤄지지 않는 것을 뜻한다. 항심(恒心)은 근심 걱정이나 욕심 욕망 등이 없는 까닭에 고요하면서도 맑고 밝게 온전히 깨어 있는 중(中)의 마음을 의미한다.

일반 백성들은 먹고사는 일이 해결되지 않으면 항심을 잃게 되고, 항심을 잃으면 방탕하고 편벽되고 삿되고 사치하게 되는 까닭에, 모든 백성들이 안정적 경제 활동을 누리며 배부르게 먹고살 수 있도록 하는 것이 선정(善政)의 첫 번째 선결 조건임을 알 수 있다.

위정자가 백성들을 무항산의 불안한 상황 속에 빠트린 뒤, 항심을 잃은 백성들이 죄를 지었다고 해서 뒤늦게 형벌로 다스리는 것은 백성들을 그물질하는 것으로, 어진 임금으로서 할 짓이 아님을 분명하게 밝히고 있다.

결국 어진 임금이 최우선적으로 해야 할 일은 모든 백성들이 안정적인 경제 활동을 영위함으로써 배부르게 먹고살 수 있도록 하는 것이며, 그런 연후에 백성들이 내면의 명덕(明德)을 밝혀 인의예지(仁義禮智)의 마음으로 올곧은 삶을 누리도록 친민(親民)해야 한다는 것이 이번 절의 가르침이다.

5. 마음, 기(氣), 말

公孫丑曰(공손추왈) 敢問夫子之不動心(감문부자지부동심) 與告子之不動心(여고자지부동심) 可得聞與(가득문여)

공손추가 말하길, 감히 선생님의 부동심과 고자의 부동심에 대해 묻고자 하는데 가르침을 들을 수 있겠습니까?

告子曰(고자왈) 不得於言(부득어언) 勿求於心(물구어심) 不得於心(부득어심) 勿求於氣(물구어기)

맹자가 대답하기를, 고자는 말에서 얻을 수 없는 것을 마음에서 구하지 말라. 마음에서 얻지 못하는 것을 기에서 구하지 말라고 말했다.

不得於心(부득어심) 勿求於氣(물구어기) 可(가) 不得於言(부득어언) 勿求於心(물구어심) 不可(불가)

마음에서 얻지 못한 것을 기에서 구하지 말라는 것은 옳지만, 말에서 얻지 못하는 것을 마음에서 구하지 말라는 것은 옳지 않다.

夫志(부지) 氣之帥也(기지수야) 氣(기) 體之充也(체지충야) 夫志至焉(부지지언) 氣次焉(기차언) 故曰(고왈) 持其志(지기지) 無暴其氣(무포기기)

무릇 뜻은 기를 조종하는 장수다. 기는 몸에 가득한 것이다. 대체로 뜻은 지극한 것이고 기는 그다음의 일이다. 이 같은 까닭에 뜻을 지킴으로써 기가 날뛰는 일이 없게 하라고 말하는 것이다.

- 선해 -

고자(告子)의 말에 대해 맹자는 반은 옳고, 나머지 반은 옳지 않다는 견해를 피력하고 있다. "마음에서 얻지 못하는 것을 기에서 구하지 말라."라는 말은 옳고, "말에서 얻을 수 없는 것을 마음에서 구하지 말라."라는 말은 옳지 않다는 것이 맹자의 입장이다.

맹자가 위와 같은 견해를 주장하는 것은 마음과 기와 말을 서로 다른 별개로 본 뒤, 마음에서 지극한 뜻과 생각이 일어나고, 그 뜻과 생각에 따라 기(氣)가 본격적으로 발(發)하고, 무형의 기(氣)가 말이나 행동으로 드러난다고 보고 있기 때문이다.

이 같은 사실은 "뜻은 기를 조종하는 장수고, 기는 몸에 가득 찬 것이며, 지극한 뜻이 먼저고 기는 그다음이라."라는 맹자의 말을 통해 쉽게 유추할 수 있다.

동일한 맥락에서 살펴본다면, "말에서 얻을 수 없는 것을 마음에서 구하지 말라."라는 고자의 말은 옳지 않고, "말에서 얻을 수 없는 것을 마음에서 구할 수 있다."라는 맹자의 입장이 쉽게 이해된다. 마음이 말보다 앞선 상위(上位)의 존재인 까닭에, 누군가의 말이 무슨 의미인지 이해가 되지 않는다면, 그 말을 있게 한 그의 마음을 보면 쉽게 짐작하고 이해할 수 있다는 것이 맹자의 생각이다.

비유하자면, 누군가 뜨거운 국을 한 숟가락 떠먹은 뒤, "아! 시원하다."라고 말했을 때, 그 말의 의미를 이해하지 못했다면 그가 왜 그와 같은 말을 했는지 그의 마음을 헤아려 보면 된다. 그 마음을 헤아렸다면, 뜨거운 국을 먹으면서 '시원하다'고 한 말의 속뜻을 알 수 있다는 판단 아래, 맹자는 '말에서 얻을 수 없는 것을 마음에서 구할 수 있다'고 본 것이다.

마찬가지로, 맹자는 마음에서 뜻이 일어나고, 기(氣)를 조종하는 장수인 지극한 뜻이 기(氣)를 온몸 가득 발현시킨다고 본 까닭에 "마음에서 얻지 못한 것을 기에서 구하지 말라."라는 고자의 말에 동조하며 옳다고 인정한 것이다.

일견하기에 맹자의 주장이 합리적이고 논리적으로 빈틈이 없어 보이지만, 그 같은 주장을 가능케 하는 전제 조건인 '마음과 기와 말이 각각 별개'라는 견해는 좋게 봐도 반은 맞고 반은 틀린 맹자의 사견(私見)에 지나지 않는다.

마음과 뜻과 기와 말과 행동 등은 각각이면서 또한 하나이다. 물과 파도가 각각 별개이면서 물은 파도를 여의지 못하고, 파도는 물을 여의지 못하는 까닭에 하나면서 둘이고 둘이면서 하나이듯, 마음과 뜻과 기와 말과 행동 또한 일즉다(一卽多)인 동시에 다즉일(多卽一)이기 때문이다.

마음과 뜻과 기와 말과 행동 등이 하나면서 여럿이고, 여럿이면서 하나인 맥락에서 고자의 말을 다시 살펴보면, "마음에서 얻지 못한 것을 기에서 구하지 말라."라는 말뿐만 아니라 "말에서 얻지 못하는 것을 마음에서 구하지 말라."라는 말 또한 틀리지 않는다.

맹자(孟子)뿐만 아니라 묵자(墨子)에게서도 가르침을 받은 것으로 알려진 고자(告子)가 '인간의 본성품은 선하다'는 성선설(性善說)을 주장한 맹자와 달리 '인간의 본성품은 선악이 없다'는 주장을 하며 논쟁을 한 것만 봐도 고자의 생각을 쉽게 읽을 수 있다.

고자가 "말에서 얻지 못한 것을 마음에서 구하지 말라."라고 한 까닭은, 말 자체가 이미 마음과 뜻과 기의 화합물일 뿐, 그 말을 있게 한 마음이란 실체가 따로 존재하지 않는다고 보았기 때문이다.

말을 듣는 순간 그 말과 하나가 되어 회통(會通)할 뿐이지, 뒤늦게 그 말의 의미를 알기 위해 그 말을 한 사람의 마음을 이리저리 더듬으며 헤아린다는 것은 사후약방문에 지나지 않는다고 본 것이 고자의 생각이 아니었을까?

표현이 '그 말을 한 사람의 마음에서 구한다'는 것일 뿐, 실상은 도둑이 도망간 뒤에 화살을 당기듯, 그 말을 한 사람의 마음을 이리저리 헤아린다는 착각 속에 제 혼자만의 '업식 놀음' 내지 '생각 놀음'을 하고 있는 것, 그 이상도 이하도 아니기 때문이다.

그래도 다행인 것은 "뜻을 지킴으로써 기(氣)가 날뛰는 일이 없게 하라."라는 이번 절의 마지막 말은 차서에도 맞고 지극히 옳다. 인간이 할 수 있는 것은 마음으로 뜻을 일으켜 세움으로써 생각하는 것이다. 그런 연후에 그 뜻과 생각이 지극해지면, 그 지극한 뜻과 생각이 기(氣)로 발현(發顯)됨으로써 말과 행위로 드러나게 되는 것이다.

따라서 뜻과 생각을 지키면 당연히 기(氣)가 날뛰는 일이 없게 되고, 기(氣)가 날뛰는 일이 없으면 하지 말아야 할 말과 행동이 겉으로 드러남으로써 낭패를 당할 일이 없게 된다.

예(禮)란 이러저러한 것이라는 기준을 세워놓고, 예(禮)가 아닌 것을 보지 않고, 듣지 않고, 말하지 않고, 행하지 않으려는 인위적 노력을 애써 할 필요도 없이, 지공무사한 마음으로 뜻을 지키는 것 하나만으로 저절로 극기복례(克己復禮)가 가능함을 알 수 있다.

이 같은 까닭에 중용은 '뜻을 지키라'는 것과 동일 맥락의 심법(心法)으로 "戒愼乎其所不睹(계신호기소부도) 恐懼乎其所不聞(공구호기소불문)" 즉, 말과 행동으로 발현되기 이전의 '보이고 들리지 않는 머릿속 생각'을 조심하고 경계하며 두려워하는 신독(愼獨)을 강조하고 있다.

6. 뜻과 기(氣)

旣曰(기왈) 志至焉氣次焉(지지언기차언) 又曰(우왈) 持其志無暴其
氣者(지기지무포기기자) 何也(하야)

공손추가 말하길, 이미 뜻은 지극한 것이고 기는 그다음이라고 말
씀하셨습니다. 또 그 뜻을 붙잡아 그 기가 난폭함이 없게 하라고 말씀
하셨습니다. 어떤 의미입니까?

曰(왈) 志壹則動氣(지일즉동기) 氣壹則動志也(기일즉동지야) 今夫
蹶者趨者(금부궐자추자) 是氣也(시기야) 而反動其心(이반동기심)

맹자가 말하길, 뜻이 하나면 기가 움직이고 기가 하나면 뜻이 움직
인다. 지금 일어서고 달리는 것이 있다면 이것이 기다. 그리고 기가
움직이면 그 마음도 움직이게 되는 것이다.

- 선해 -

뜻이 하나면 기가 움직인다는 것은 어떤 의미인가? 마음속에서 이

럴까 저럴까 하는 여러 생각들이 하나의 생각으로 최종 귀결되면, 그 생각을 말이나 행동으로 드러내기 위해 저절로 기(氣)가 발동(發動)된다는 말이다.

기(氣)가 하나면 뜻이 움직인다는 것은 어떤 의미인가? 어떤 한 생각에 의해 발동된 기가 전일(全一)해지면, 그 전일해진 기의 영향을 받아 감정이 생겨나고, 그 감정의 영향으로 생각이 일어난다는 말이다.

'지금 일어서고 달리는 것이 있다면 이것이 기고, 기가 움직이면 그 마음도 움직이게 되는 것'이라는 설명도 뜻과 기가 서로서로 영향을 주고받는 상보적 관계로, 둘이면서 하나고 하나면서 둘임을 밝힌 것이다.

자동차를 운전하는 사람이 바르면 안전한 주행이 가능하다. 그러나 제어가 불가능할 만큼 자동차가 과속으로 치닫게 되면 운전하는 사람이 자동차에 끌려갈 수밖에 없게 된다. 뜻과 기(氣)도 마찬가지다. 운전자와 자동차의 관계처럼 하나면서 둘이고 둘이면서 하나인 까닭에, 언제 어디서나 온전히 깨어서 신독(愼獨) 할 뿐이다.

7. 호연지기

敢問何謂浩然之氣(감문하위호연지기)

공손추가 말하길, 감히 묻습니다. 무엇을 호연지기라고 합니까?

曰(왈) 難言也(난언야) 其爲氣也(기위기야) 至大至剛(지대지강) 以
直養而無害(이직양이무해) 則塞于天地之間(즉색우천지지간)

맹자가 말하기를, 말하기 어렵다. 그 기의 행해짐은 지극히 크고 지
극히 굳세며, 곧음으로써 점점 커지지만 해로움이 없다. 그러므로 하
늘과 땅 사이에 충만하다.

- 선해 -

지극히 크고 스스로 그러한 기운이란 의미를 내포하고 있는 호연지
기(浩然之氣)란 무엇인가?

맹자는 호연지기의 특징으로 지극히 크고 굳셈을 꼽고 있다. 크고

굳세다는 것은 어떤 것과 비교한 뒤, 상대적으로 크고 굳세다는 말이 아니라, 절대적인 크고 굳셈이어야 한다.

따라서 절대적으로 크고 굳세며 스스로 그러한 호연지기란 시간과 공간을 초극해 있는 '한 기운'인 까닭에 비교할 대상이 없이 오직 하나인 기운으로서, 무시무종(無始無終)하고 무소부재(無所不在)한 생명의 원기(元氣)를 의미한다.

즉, 천지자연을 존재케 하고 운행하는 하늘의 기운이 바로 호연지기로, 하늘의 명(命)에 따라 모든 인간의 내면에 갈무리돼 있는 천성(天性)인 명덕(明德), 중(中)의 마음, 양심(良心)에서 발(發)해지는 기운 또한 호연지기에 다름 아니다.

호연지기란 곧음으로써 점점 커지고, 전혀 해로움이 없는 기운으로 하늘과 땅 사이에 충만하다는 것을 알았고, 그렇게 생각한다고 해서 달라질 것은 아무것도 없다. 어떻게 내 안에 호연지기를 기를 수 있느냐가 관건일 뿐이다. 다행히 다음 절에 호연지기를 기르는 방법이 제시돼 있다.

8. 하되 함이 없이

必有事焉(필유사언) 而勿正心(이물정심) 勿忘(물망) 勿助長也(물조
장야) 無若宋人然(무약송인연) 宋人有閔其苗之不長而揠之者(송인유
민기묘지부장이알지자) 芒芒然歸(망망연귀)

반드시 전념하여 구하되, 마음을 바로잡으려고 하지 말고, 잊지도
말고, 조장하지도 말아야 한다. 송나라 사람처럼 하지 말아야 한다.
송나라 사람이 싹이 크지 않음을 근심하고 그것을 위로 잡아당겨 뽑
아 주고 나서 몹시 지쳐서 귀가했다.

謂其人曰(위기인왈) 今日病矣(금일병의) 予助苗長矣(여조묘장의)
其子趨而往視之(기자추이왕시지) 苗則槁矣(묘즉고의)

송나라 사람이 사람들에게 일러 말하길, 나는 오늘 싹이 잘 자라도
록 일일이 뽑아 당겨서 도와주었더니 피곤하다. 그의 아들이 밭으로
달려가서 보았더니, 뽑아 올린 싹들이 모두 말라 비틀어졌다.

天下之不助苗長者寡矣(천하지부조묘장자과의) 以爲無益而舍之者

(이위무익이사지자) 不耘苗者也(불운묘자야) 助之長者(조지장자) 揠
苗者也(알묘자야) 非徒無益(비도무익) 而又害之(이우해지)

이 세상에서 싹이 잘 자라도록 돕지 않는 사람이 적다. 그 작물이
무익하다고 여기고 그것을 방치하는 사람은 싹이 잘 자라도록 김을
매지 않는 사람이다. 그것이 잘 자라도록 돕는 사람은 싹을 뽑아 올려
주는 사람이다. 그렇게 하는 것은 무익할 뿐만 아니라 그 싹을 해치는
일이다.

- 선해 -

호연지기를 기르기 위한 첫 단추는 전념하여 구하라는 것이다. 모
든 일은 시작이 반이기 때문에 당연한 말인데, 어떻게 구해야 하는
가? 마음을 바르게 하려고 하지도 말고, 마음을 잊은 채, 내팽개치지
도 말아야 한다. 이런저런 것을 호연지기라고 생각한 뒤, 그 같은 기
운을 애써 조장하는 짓도 하지 말라는 것이 맹자의 주장이다.

그런데 특별할 것 없어 보이는 이 간단한 몇 마디 속에 호연지기를
기르는 핵심이 녹아 있다. 바로 하되 함이 없는 수행, 닦되 닦음이 없
는 무수지수(無修之修)가 호연지기를 기르는 비밀 아닌 비밀이기 때
문이다. 노자의 함이 없이 스스로 그러한 무위자연(無爲自然)과도 다

르지 않음을 알 수 있다.

맹자는 하되 함이 없고, 닦되 닦음이 없는 수행을 송나라 사람의 예화를 통해 강조하고 있다. 밭에 곡식을 심은 뒤, 빨리 자라기를 바라는 마음에서 그 싹을 뽑아 당김으로써 곡식을 죽인 송나라 사람처럼 하지 않는 것이 무수지수(無修之修)의 핵심이다.

현대인들에게 익숙한 명상의 핵심 또한 무수지수여야 한다. 많은 사람들이 여러 가지 기법들을 통해 명상을 하는 것으로 알고 있다. 그러나 명상은 하는 것이 아니다. 비유하자면, 이런저런 방법들을 통해 호연지기 상태인 명상을 방해하는 마음 작용을 그치고 멈추게 하는 '담배 끊는 담배'를 피움으로써 저절로 명상 상태가 발현되도록 할 수 있을 뿐이다. 이 같은 맥락에서 호연지기(浩然之氣)란 말이 지극히 크다는 호(浩)와 함께 애써 함이 없이 스스로 그러하다는 연(然)의 합자로 이뤄져 있음도 결코 우연이 아니다.

호연지기를 기르기 위한 '하되 함이 없고, 닦되 닦음이 없는 수행'의 구체적 방법론이 바로 대학의 지정정안(止定靜安) 수행이다. 하지 않아도 되는 생각과 말과 행동을 그치고 멈춤으로써 심신의 안정을 모색하고, 안정된 심신의 토대 위에서 고요함을 키우고 또 키움으로써, 그 고요함 마저 다한 심신의 0점 조정 상태인 무심의 편안함에 이르는 것이 지정정안 수행의 요체임은 이미 앞선 대학 선해를 통해 상세히 밝힌 바 있다.

호연지기를 기르기 위한 대학의 지정정안 수행 및 공자님께서 말씀하신 비례물시, 비례물청, 비례물언, 비례물동의 골수는 중용의 가르침에도 그대로 녹아 있다. 누군가에게 보이고 들리기 이전의 머릿속의 생각을 알아차리고 조심하며 경계하는 신독(愼獨) 수행이 바로 그것이다. 말과 행동은 말과 행동으로 표출되기 이전에 머릿속에서 일어난 생각에 따른 2차적 마음 작용인 까닭에 예(禮)에 어긋나거나 불필요한 생각이 일어나는 것을 알아차리고 조심하고 경계하는 신독(愼獨)이야말로 동서고금의 모든 종교 및 수행의 핵심 골수일 수밖에 없음은 너무나 당연하다.

이 같은 이유 때문에 맹자는 앞선 6절에서 "뜻을 붙잡아 그 기(氣)가 난폭해지지 않게 하라."라고 했고, 달마대사는 "관심일법(觀心一法) 총섭제행(總攝諸行)" 즉, "마음을 관하는 한 법이 모든 수행을 총섭한다."라고 말씀하셨다. 불교의 대표적 경전인 반야심경의 마음의 작용인 오온을 비춰 보라는 조견오온(照見五蘊) 및 화엄경의 언제 어디서나 마음의 고삐를 다잡으라는 상섭심(常攝心) 또한 신독(愼獨) 수행과 그 본질에 있어서 다를 것이 없다.

맹자가 제시하고 있는 호연지기를 기르기 위한 구체적 방법은 제17절의 구기방심(求其放心) 및 제18절의 존야기(存夜氣)를 참고하면 된다. 구기방심은 칠정으로 인해 들뜨고 흐트러지고 탁해지고 어두워진 마음을 가라앉히고 모으고 맑히고 밝히는 것이다. 존야기는 구기방심 이후에 밤새 깊은 휴식을 취함으로써 생명의 원기를 북돋듯이, '나' 없음의 무념무상의 상태를 통해 호연지기가 충만해지도록 하는 수행을 말한다.

맹자는 '求則得之(구즉득지) 舍則失之(사즉실지)' 즉, 구하면 얻고 내버려 둔 채 방치하면 잃는다는 말도 한 바 있다. 결국 전념하여 구하되 잊고 방치하지도 말고 지나치게 조장하지도 말아야 한다는 것은 지나치거나 모자람이 없는 중용(中庸)을 강조한 가르침이다. 절 집안에 회자되는 "거문고 줄이 너무 팽팽하지도 않고, 느슨하지도 않아야 아름다운 연주가 가능하듯, 도를 닦는 것 또한 마찬가지다."라는 말과도 일맥상통함을 알 수 있다.

9. 말을 안다는 것

何謂知言(하위지언)

공손추가 묻기를, 무엇을 일러 말을 아는 것이라고 합니까?

曰(왈) 詖辭知其所蔽(피사지기소폐) 淫辭知其所陷(음사지기소함)
邪辭知其所離(사사지기소이) 遁辭知其所窮(둔사지기소궁)

맹자가 말하기를, 치우치고 교활한 말에 그 숨겨진 어두운 면을 알
고, 음란한 말에 그 매몰돼 있음을 알고, 삿된 말에 그 편 가르고 괴리
돼 있음을 알고, 숨기고 회피하는 말에 그 궁색한 것을 안다.

生於其心(생어기심) 害於其政(해어기정) 發於其政(발어기정) 害於
其事(해어기사)

마음에서 생긴 것이 정치에 해악을 끼치고, 그 정치에서 발해진 것
이 세상일에 해악을 끼친다.

- 선해 -

마음과 뜻과 기와 말과 행동은 하나면서 여럿이고, 여럿이면서 하나다. 마음이 뜻과 생각을 일으키고, 그 뜻과 생각이 본격적으로 기(氣)를 발(發)하고, 그 기(氣)가 말과 행동으로 드러난다. 이상은 제 5절에서 살펴본 내용들로 이번 절의 내용은 제5절의 내용과 무관치 않다.

제5절의 가르침을 상기한다면, 치우치고, 음란하고, 사악하고, 회피하는 말을 하는 그 사람의 마음은 이미 어둡고, 허물어졌고, 본심과 괴리돼 있고, 궁색한 상태임을 간파하는 것은 그리 어렵지 않다. 더욱더 중요한 것은 상대의 말을 치우치고, 음란하고, 사악하고, 본심과 괴리돼 있다고 판단하는 자신의 마음도 놓치지 않고 알아차릴 수 있어야 함은 너무나 당연하다.

마음에서 일어난 삿된 뜻이 말과 행동으로 표출됨으로써 정치에 해악을 끼치고, 삿된 정치가 세상에 해악을 끼친다는 것은, 모든 사람이 하늘이 명(命)한 내면의 본성품인 명덕(明德)을 밝히는 것을, 지나치거나 모자람 없는 중(中)의 마음을 회복하는 것을, 눈앞의 이득에 눈먼 '나'를 이기고 예(禮)로 돌아가는 것을, 양심(良心)을 되살리는 것을 삶의 궁극으로 삼아야 함을 강조한 말이다.

10. 공자님의 무애자재

可以仕則仕(가이사즉사) 可以止則止(가이지즉지) 可以久則久(가이
구즉구) 可以速則速(가이속즉속) 孔子也(공자야)

벼슬할 만하면 벼슬하고, 그만둘 만하면 그만두며, 오래 머물 만하
면 오래 머물고, 속히 떠날 만하면 속히 떠나셨던 분이 공자님이시다.

- 선해 -

공자님께서는 극기복례(克己復禮) 즉, 자기 자신을 이기고 예(禮)로
돌아간 군자의 특징을 군자불기(君子不器)라는 한마디의 말로써 피력
하신 바 있다. 나를 이겼다는 것을 불교적으로 표현하면, 고정 불변의
실체로서 '나'가 있다는 전도몽상 즉, 아상(我相)을 여의었다는 말이
된다.

따라서 자기 자신을 이기고 예(禮)로 돌아간 군자는 반드시 이래야
만 하고 저래선 안 된다고 집착하는 업식의 '나'를 여읜 까닭에 벼슬할
만하면 벼슬하고, 그만둘 만하면 그만두며, 오래 머물 만하면 오래 머

물고, 속히 떠날 만하면 속히 떠날 뿐이다.

　하늘이 명한 성품인 명덕을 밝힘으로써, 넘치거나 모자람이 없는 중(中)의 마음을 회복, 매 순간 그 무엇에도 집착함 없이 물처럼 흘러가는 '나' 없음의 무아행(無我行)이 곧 군자의 삶이기 때문이다.

11. 인의예지 사단

惻隱之心(측은지심) 仁之端也(인지단야) 羞惡之心(수오지심) 義之
端也(의지단야) 辭讓之心(사양지심), 禮之端也(예지단야) 是非之心
(시비지심) 智之端也(지지단야)

측은지심은 인의 발단이며, 수오지심은 의의 발단이며, 사양지심은
예의 발단이며, 시비지심은 지의 발단이다.

人之有是四端也(인지유시사단야) 猶其有四體也(유기유사체야)

사람에게 사단이 있는 것은 마치 몸에 사지가 있는 것과 같다.

- 선해 -

인(仁), 의(義), 예(禮), 지(智)는 각각 측은지심, 수오지심, 사양지
심, 시비지심을 발단으로 한다는 것이 이번 절의 핵심이다. 어째서 그
러한가?

'나'만을 생각하는 소아적이고 이기적인 마음을 벗어나, 타인을 배려하고 사랑하는 대아적(大我的)이고 이타적인 측은지심(惻隱之心)을 일으키는 것이 인(仁)의 마음을 쓰는 것이기 때문이다.

나만 생각하는 '나뿐인' 놈이 되어서 인(仁)의 마음을 쓰지 않고 있는 자기 자신의 모습을 알아차린 뒤, 부끄러워하고 미워하는 수오지심(羞惡之心)을 일으키는 것이 의(義)의 마음을 쓰는 것이기 때문이다.

자신에게 절로 주어지는 이익일지라도 인의(仁義)에 어긋나거나 자신의 분수 밖이면 주저함 없이 사양하거나 타인에게 양보하는 사양지심(辭讓之心)을 일으키는 것이 예(禮)의 마음을 쓰는 것이기 때문이다.

인과 의와 예에 투철한 지공무사한 마음으로, 0점 조정된 저울이 정확하게 무게를 재듯, 무엇이 옳고 무엇이 그른지를 가리는 시비지심(是非之心)을 일으키는 것이 지(智)의 마음을 쓰는 것이기 때문이다.

사단(四端)이 사지(四肢)와 다르지 않다고 한 것은, 두 팔 및 두 다리 사지가 사람의 몸을 지탱하는 근간이 되듯이 인(仁), 의(義), 예(禮), 지(智) 사단이 사람의 정신을 유지하는 근간이 되는 까닭이다.

12. 모든 것은 나의 문제

孟子曰(맹자왈) 愛人不親(애인불친) 反其仁(반기인) 治人不治(치인불치) 反其智(반기지) 禮人不答(예인불답) 反其敬(반기경)

맹자가 말하기를, 누군가를 사랑해도 가까워지지 않으면 자신의 사랑을 되돌아보고, 누군가를 바로잡으려고 해도 바로잡아지지 않는다면 자신의 지혜를 돌아보고, 누군가에게 예를 갖추어도 답례하지 않는다면 자신의 정중함을 돌아보라.

行有不得者(행유부득자) 皆反求諸己(개반구저기) 其身正而天下歸之(기신정이천하귀지)

행함이 있는데 얻음이 없다면, 자기 자신에게서 모든 문제의 해결책을 찾아라. 자기 자신의 몸이 바르면 천하가 다 돌아온다.

- 선해 -

누군가를 사랑해도 가까워지지 않거나, 누군가를 바로잡으려고 해도 바로잡아지지 않거나, 누군가에게 예를 갖추어도 그가 답례를 하지 않는다면 대개의 경우 누군가에게 문제의 원인을 전가한 뒤, 그 누군가를 탓하거나 원망하기 쉽다.

그러나 타인에게 문제의 원인을 돌리는 것은 일시적인 감정의 배설일 뿐, 실질적인 문제 해결에는 아무런 도움이 되지 않는다. 차분하고 냉정하게 마음의 0점 조정을 마친 뒤, 자기 자신의 문제점을 살피고 잘못된 점을 찾아서 고치면 그뿐이다.

이 같은 까닭에 "행함은 있는데 얻음이 없다면, 타인에게서 문제의 원인을 찾고 책임을 전가하기보다는, 문제의 원인 및 해결책을 자기 자신에게서 찾으라."라는 이번 절의 가르침은 재론의 여지가 없으며, '失諸正鵠(실제정곡) 反求諸其身(반구제기신)' 즉, 정곡을 벗어나면 돌이켜 자기 자신에게서 구한다는 공자님의 말씀과도 다르지 않음을 알 수 있다.

'자기 자신의 몸이 바르다는 것'은 대학이 8조목을 통해 밝히고 있는 성의(誠意) 정심(正心)에 이어 수신(修身)이 제대로 이뤄졌다는 의미다. 따라서 수신(修身) 후의 제가(齊家), 치국(治國), 평천하(平天下)는 시간문제일 뿐, 자연스럽게 이뤄질 수밖에 없다는 것을 '자기 자신의 몸이 바르면 천하가 다 돌아온다'고 표현한 것이다.

13. 모든 것은 나로부터

夫人必自侮然後(부인필자모연후) 人侮之(인모지) 家必自毁而後(가
필자훼이후) 人毁之(인훼지) 國必自伐而後(국필자벌이후) 人伐之(인
벌지)

무릇 사람은 반드시 자기 자신을 업신여긴 후에야 남들도 그를 업
신여기며, 집안 또한 스스로 훼손시킨 후에야 남들도 그 집안을 훼손
시키며, 나라도 스스로가 공격한 후에라야 남들이 공격한다.

- 선해 -

업신여김을 당하고, 집안이 훼손당하고, 나라가 공격당하는 것 등
모든 일의 근본적 책임은 그 누구도 아닌 자기 자신에게 있다.

불교의 일체유심조(一切唯心造) 즉, '세상사 모든 일이 오직 마음의
지은 바'라는 가르침처럼, 업신여김을 당하고, 훼손당하고, 공격당하
는 상황을 만든 것은 다름 아닌 자기 자신인 까닭이다.

비근한 예로 타인에게 욕을 먹는 것도 마찬가지다. 자기 자신이 욕 먹을 상황을 만들었을 뿐이며, 온전히 타인의 착각에 의해 벌어진 상황일지라도 다르지 않다.

상대가 부질없이 세 치 혀로 일으키는 바람에 중심을 흔들리며 욕을 먹을 것인지, 태산 같은 부동심으로 흘려보낼 것인지를 최종적으로 결정하는 것 또한 자기 자신의 몫이기 때문이다.

14. 나를 해치고 버리는 짓

孟子曰(맹자왈) 自暴者(자포자) 不可與有言也(불가여유언야) 自棄者(자기자) 不可與有爲也(불가여유위야)

맹자가 말하기를, 자기 자신을 해치는 사람과는 함께 말을 섞을 수 없고, 자기 자신을 버리는 사람과는 함께 일할 수 없다.

言非禮義(언비예의) 謂之自暴(위지자포) 吾身不能居仁由義(오신불능거인유의) 謂之自棄也(위지자기야)

그 하는 말이 예와 의에 어긋나는 것을 일러 자기 자신을 해친다고 하며, 행동함에 있어 인에 처하고 의를 따르지 않음을 일러 자기 자신을 버린다고 하는 것이다.

- 선해 -

자기 자신을 해치고 버리는 자는 누구인가? 눈앞의 이득을 좇는 데 눈이 멀어 인의예지(仁義禮智)를 외면하는 소인배를 말한다.

소인배와는 말을 섞을 수 없고 함께 일할 수 없다는 것은 어떤 까닭인가? 온통 자기 자신의 이득에 혈안이 된 소인배와 말을 섞거나 함께 일을 하게 되면, 자신도 모르는 사이에 예(禮)가 아닌 것을 보고, 듣고, 말하고, 행하게 되기 때문이다.

따라서 이미 업식의 '나'를 이기고 예로 돌아간 군자가 아닌 까닭에, 예(禮)가 아닌 것을 보지도, 듣지도, 말하지도, 행하지도 않음이 절실하고 요긴하다면, 인의예지를 모르는 소인배와 말을 섞고 함께 일하는 것을 그치고 멈추는 것은 당연하면서도 시급한 일이다.

그러나 하늘이 명(命)한 내면의 본성품인 명덕(明德)을 밝히고 예(禮)로 돌아간 군자라면, 눈앞의 이익에 눈먼 소인배일지라도 외면치 말아야 한다. 오히려 말을 섞고 함께 일을 도모하는 과정을 통해 극기복례(克己復禮)할 수 있도록 도와야 한다.

이것이야말로 명덕(明德)을 밝힌 군자의 친민(親民)이며, 지나치거나 모자람이 없는 중(中)의 마음을 회복한 군자의 역할인 '천지위언(天地位焉) 만물육언(萬物育焉)'이며, 공자님께서 말씀하신 인(仁)을 베푸는 일이며, 불교에서 말하는 자각각타(自覺覺他)의 보살행이며, 우리 백두산족의 홍익인간(弘益人間)이며, 도교의 화광동진(和光同塵)이다.

15. 눈은 마음의 창

孟子曰(맹자왈) 存乎人者莫良於眸子(존호인자막량어모자) 眸子不
能掩其惡(모자불능엄기악) 胸中正(흉중정) 則眸子瞭焉(즉모자료언)
胸中不正(흉중불정) 則眸子眊焉(즉모자모언) 聽其言也(청기언야) 觀
其眸子(관기모자) 人焉廋哉(인언수재)

맹자가 말하기를, 사람에게 있는 것 가운데 눈동자보다 더 착한 것
은 없다. 눈동자는 사람의 악함을 감추지 못한다. 속마음이 바르면 눈
동자가 맑고, 속마음이 바르지 못하면 눈동자가 흐리다. 그 말을 듣
고, 그 눈동자를 보면 사람들이 어찌 숨기겠는가?

- 선해 -

사람이 할 수 있는 것은 생각과 말과 행동 등 세 가지로 대별할 수
있다. 그런데 생각과 말과 행동은 마음의 작용에서 비롯된다.

결국 인간의 모든 행위는 마음의 작용이고, 눈은 바로 마음의 창이
기 때문에 마음이 고요하고 맑고 밝으면 눈빛도 고요하고 맑고 밝으

며, 마음이 흔들리고 탁하고 어두우면 눈빛도 흔들리고 탁하고 어두울 수밖에 없다.

따라서 어떤 사람이 하는 말을 듣고, 그의 눈동자를 보면 그 사람의 속내인 마음을 있는 그대로 정확하게 알 수 있는 까닭에 '그 말을 듣고, 그 눈동자를 보면 사람들이 어찌 숨기겠는가?'라고 말한 것이다.

그러나 사람들의 말을 듣고, 눈동자를 봄으로써 그 사람의 속마음을 있는 그대로 정확하게 읽어내는 정견(正見)이 가능하기 위해선 전제돼야 할 조건이 있다. 정확하게 무게를 잴 수 있도록, 저울의 0점 조정을 하듯이, 구기방심(求其放心)을 통해 들뜨고, 흐트러지고, 탁해지고, 어두워진 마음을 가라앉히고, 모으고, 맑히고, 밝혀야 한다. 지나치거나 모자람이 없는 중(中)의 마음을 회복해야만 사람들의 말과 눈동자를 정확하게 읽어 낼 수 있기 때문이다.

그렇지 않으면 자신의 눈에 있는 들보로 인해, 허공 꽃을 피워 냄으로써, 타인의 눈 상태와 무관하게 티끌이 들어 있는 것으로 오판하는 어리석음을 범할 수밖에 없다. 명덕(明德)을 밝힘으로써 고요하고 지혜로운 중(中) 마음을 쓰는 군자가 아니면, 있는 그대로를 꿰뚫어 보는 정견(正見)이 불가능하다. 특히 눈앞의 이득에 눈이 먼 소인배라면

자신이 보고 싶은 것만 보거나 심지어 없는 것조차도 자신에게 유리
하도록 없는 것을 가공해서까지 보기 때문이다.

16. 그친 후 행하라

孟子曰(맹자왈) 人有不爲也而後(인유불위야이후) 可以有爲(가이유위)

맹자가 말하기를, 사람은 하지 않음이 있은 후에야 할 만한 것이 있다.

- 선해 -

'하지 않음'은 곧 모든 종교 및 수행의 첫 단추인 계행(戒行)과 다르지 않다. 대학에서 말하는 그치고 멈추는 지(止)다. 공자님께서 말씀하신 비례물시, 비례물청, 비례물언, 비례물동과도 다르지 않다.

'하지 않음'을 통해 지나치거나 모자람이 없는 중(中)의 마음으로 돌아간 후에야 비로소 할 만한 것이 있음은, 제대로 0점 조정이 된 저울만이 정확한 무게를 잴 수 있는 이치와 다르지 않다.

이 같은 까닭에 대학은 그치고, 안정되고, 고요해지고, 편안해지는 지정정안(止定靜安)의 '하지 않음'에 이어 생각하고 얻는 려득(慮得)의 '할 만한 것이 있음'의 6단계 수행을 제시하고 있다.

17. 구기방심

人有鷄犬放(인유계견방) 則知求之(즉지구지) 有放心而不知求(유방심이불지구) 學問之道(학문지도) 無也(무야) 求其放心而已矣(구기방심이이의)

사람들은 닭이나 개가 달아나면 즉시 그것들을 찾아서 붙잡을 줄은 알면서, 마음이 풀려서 날뛰는 것은 붙잡을 줄 모른다. 학문을 한다는 것은 다른 것이 없다. 해이해져서 날뛰는 마음을 알아차리고 붙잡는 것뿐이다.

- 선해 -

마음이 고삐 풀린 망아지처럼 날뛰는 것을 붙잡는 구기방심(求其放心)은 동서고금의 모든 종교 및 수행법의 요체 중에서도 요체다. 종교 및 수행, 학문의 존재 이유 또한 다르지 않다.

모든 인간이 올바른 생각과 올바른 말과 올바른 행동을 통해 다 함께 행복한 세상을 이룩하기 위한 것이 종교고 수행이며 학문이기 때문이다. 따라서 학문을 한다는 것 또한 해이해져서 날뛰는 마음을 알아차리고 붙잡는 구기방심을 궁극으로 함은 당연하다.

구기방심의 핵심은 자신의 이득을 좇는 과정에서 발생한 칠정으로 인해서 들뜨고, 흐트러지고, 탁해지고 어두워진 마음을 가라앉히고, 모으고, 맑히고 밝히는 것으로 모든 종교 및 수행의 핵심과도 다르지 않다.

대학이 말하는 그치고 멈춤으로써 안정을 꾀하고, 안정을 취함으로써 고요해지고, 고요해짐으로써 편안해지는 지정정안(止定靜安), 중용이 말하는 보이고 들리지 않는 생각을 알아차림으로써 조심하고 경계하는 신독(愼獨)이 곧 구기방심이다.

공자님께서 말씀하신 예(禮)가 아니면 보지도, 듣지도, 말하지도, 행하지도 말라는 비례물시(非禮勿視), 비례물청(非禮勿聽), 비례물언(非禮勿言), 비례물동(非禮勿動) 또한 구기방심과 다르지 않다.

18-1. 존야기 (存夜氣)

孟子曰(맹자왈) 牛山之木(우산지목) 嘗美矣(상미의) 以其郊於大國
也(이기교어대국야) 斧斤(부근) 伐之(벌지) 可以爲美乎(가이위미호)

맹자가 말하기를, 우산의 나무는 일찍이 아름다웠다. 큰 도성의 근
교에 위치해 있는 까닭에 도끼로 벌목을 당하니 어찌 아름다울 수 있
겠는가?

是其日夜之所息(시기일야지소식) 雨露之所潤(우로지소윤) 非無萌
蘖之生焉(비무맹얼지생언) 牛羊(우양) 又從而牧之(우종이목지) 是以
(시이) 若彼濯濯也(약피탁탁야) 人見其濯濯也(인견기탁탁야) 以爲未
嘗有材焉(이위미상유재언) 此豈山之性也哉(차개산지성야재)

밤새 자라나고 우로에 젖어 싹이 돋아나는 일이 없지 않았건만, 소
와 양에게 뜯어 먹힘에 따라 저렇게 민둥민둥하게 되었다. 사람들이
그 민둥산을 보고 일찍이 재목감의 나무가 있었던 적이 없었다고 생
각하는데, 그것이 어찌 우산의 본성품이겠는가?

雖存乎人者(수존호인자) 豈無仁義之心哉(개무인의지심재) 其所以
放其良心者亦猶斧斤之於木也(기소이방기량심자역유부근지어목야)
旦旦而伐之(단단이벌지) 可以爲美乎(가이위미호)

하물며 사람에게 내재해 있는 본성품에 어찌 인과 의의 마음이 없
겠는가? 그 양심이 땅에 떨어진 것은 도끼로 나무를 찍어 내듯이, 매
일매일 그 양심을 찍어 냈기 때문으로, 어찌 아름다울 수 있겠는가?

- 선해 -

모든 인간에게는 하늘이 명(命)한 내면의 신령스런 성품인 명덕(明
德)이 내재해 있다. 인간이 만물의 영장인 것은 바로 반야의 지혜, 성
령의 빛, 공적영지(空寂靈知), 양심(良心) 등 여러 이름으로 불리는 명
덕(明德)을 갈무리하고 있는 까닭이다.

살인자, 강도, 도둑놈 등등 금수만도 못한 소인배의 내면에도 명덕
(明德)은 예외 없이 내재해 있다. 다만 태양이 언제나 밝은 빛으로 충
만함에도 불구하고 구름에 덮여 그 빛을 발하지 못하는 것처럼, 온갖
욕심과 욕망 등으로 잠시 잠깐 내면의 빛이 그 빛을 잃은 것뿐이다.

우산에 본래부터 나무가 없었던 것이 아니라, 재목감의 거목들은

도끼에 찍혀 나가고, 방목된 소와 양들에게 어린나무의 싹이 다 뜯어 먹히는 바람에 민둥산이 된 것과 같은 상황을 인간들 또한 겪고 있다는 것이 이번 절의 내용이다.

우산의 본성품이 나무가 없는 민둥산이 아니듯, 인간의 본성품에도 본래부터 인(仁)과 의(義)의 마음이 없었던 것이 아니라, 도끼로 나무를 찍어 내듯이 매일매일 눈앞의 이득을 좇으며 인(仁)과 의(義)의 마음인 양심(良心)을 찍어 냈기 때문에 그 마음이 아름답지 못하다는 것이 맹자의 지적이다.

18-2. 존야기(存夜氣)

其日夜之所息(기일야지소식) 平旦之氣(평단지기) 其好惡與人相近
也者(기호오여인상근야자) 幾希(기희) 則其旦晝之所爲(즉기단주지소
위)有梏亡之矣(유곡망지의)

밤새 자라난 평단지기에는 사람들과 더불어 좋아하고 싫어함이 서
로 일치하는 경우가 거의 드물다. 낮 동안에 하는 짓이 양심을 옭아매
고 사라지게 할 뿐이다.

梏之反覆(곡지반복) 則其夜氣不足以存(즉기야기부족이존) 夜氣不
足以存(야기부족이존) 則其違禽獸不遠矣(즉기위금수불원의) 人見其
禽獸也(인견기금수야) 而以爲未嘗有才焉者(이이위미상유재언자) 是
豈人之情也哉(시기인지정야재)

양심을 옭아매는 짓을 반복하면, 야기(夜氣)를 보존할 수 없게 된
다. 야기(夜氣)의 보존이 부족하면, 금수와 다르지 않게 된다. 인간이
금수와 같음을 보고 산에 나무가 없었다고 여기지만, 금수와 같음이
어찌 사람의 본성정이겠는가?

- 선해 -

밤새 자라난 곧고 바르며 고요하고 생명으로 넘치는 아침의 기운인 평단지기(平旦之氣)란 무엇인가?

천지자연을 존재하게 하고 운행하게 하는 근원적인 생명의 원기가 평단지기다. 하늘이 명(命)한 내면의 본성품인 명덕(明德)이 평단지기다. 지나치거나 넘침이 없는 희로애락(喜怒哀樂)이 발(發)하기 전의 중(中)의 마음이 평단지기다. 욕심과 욕망으로 얼룩진 업식의 '나'를 이기고 인의예지(仁義禮智) 사단으로 돌아간 양심(良心)이 바로 평단지기다.

이 같은 평단지기에는 사람들과 더불어 서로 좋아하고 싫어함이 일치하는 경우가 거의 드물다는 것은 어떤 의미인가?

하늘이 명(命)한 인간의 본성품인 평단지기에 내 생각이 있고 네 생각이 있어서 일치하지 않는다는 말을 한 것일까? 그렇다면 맹자는 결단코 평단지기에 대한 말을 어디선가 듣고 안다고 생각한 것일 뿐, 실제는 평단지기가 무엇인지 몰랐을 것이다.

많은 사람들이 인간의 본 성품인 생명의 원기인 평단지기에는 선

(善)을 좋아하고 악(惡)을 미워하는 속성이 내재해 있다고 생각한 뒤, 위의 문장을 해석함으로써 자가당착(自家撞着)에 빠지는 경우를 무수히 본다.

인간의 본성품인 평단지기는 너와 나의 생각과 견해 등을 초월한 채, 좋아하고 싫어하는 바가 항상 일치하는 지공무사(至公無私)함이 담보돼 있다고 생각하는 까닭에, '거의 드물다, 많지 않다'는 뜻의 기희(幾希)를 '어찌 드물겠는가?'로 비틀어 해석하는 것이 가장 비근한 오역의 전형이다.

그러나 기(幾)를 '어찌'로 보고, 반어법을 적용한 뒤, '평단지기에는 사람들과 더불어 좋아하고 싫어함이 서로 일치하는 경우가 어찌 드물겠는가?' 또는 '평단지기에는 선을 좋아하고 악을 싫어함이 일치하는 것이 어찌 드물겠는가?' 등으로 풀이하는 것은 맹자의 뜻과는 전혀 무관한 엉터리 해석일 뿐이다.

천지간에 가득한 생명의 원기인 평단지기는 밤새 우산의 모든 나무들을 자라게 할 뿐이다. 비싼 목재로 팔릴 나무라고 해서 좋아하고, 목재로 쓰일 수 없는 잡목(雜木)이라고 해서 미워하지 않는다. 평단지기는 좋아하고 싫어하는 두 마음으로 나뉘기 이전 즉, 한 생각도 일어나기 전의 태극(太極) 상태인 전일(全一)한 일심(一心)이기 때문이다.

중용에서 말하는 희로애락(喜怒哀樂)이 발(發)하기 전의 중(中)의 마음 즉, 지나치거나 모자람이 없는 0점 조정된 마음 상태가 곧 평단지기다. 따라서 평단지기에는 사람들과 더불어 좋아하고 싫어함이 서로 일치하고 말고가 없다. 오직 하나의 기운인 생명의 원기인 까닭에 평단지기에는 좋아하고 싫어함이 서로 일치하는 경우조차도 없다는 것을 표현한 것뿐이다.

좋아함과 싫어함 등 대소유무(大小有無) 및 선악미추(善惡美醜) 등의 양변을 여읜 평단지기 즉, 양심(良心)이 보존되지 않고 사라지는 것은 낮 동안 욕심과 욕망에 휘감긴 채 눈앞의 이득을 좇는 온갖 짓들을 일삼기 때문이라는 것이 맹자의 주장이다.

그리고 낮 동안 욕심과 욕망에 휘감긴 마음으로 이득을 좇으면서 양심을 옭아매는 짓을 반복하면 즉, 들뜨고 흐트러지고 탁해지고 어두워진 비양심(非良心)으로 하루하루를 보내면 야기(夜氣)를 보존할 수 없게 되고, 야기(夜氣)의 보존이 부족하게 되면 인의(仁義)를 저버리는 동물처럼 변한다는 것이 이번 절의 핵심이다.

야기(夜氣)는 바로 세상 만물을 기르는 생명의 원기인 평단지기를 말하는 것이다. 밤기운인 야기(夜氣)는 한낮에 무엇인가를 하기 위해 소모되는 생명의 원기와는 정반대로, 방전된 핸드폰 배터리에 충전되는 에너지처럼, 밤새 자라고 쌓이는 생명의 원기를 강조하기 위한 말일 뿐, 평단지기와 별개의 또 다른 기운이 있어서 하는 말이 아니다.

무엇이 옳고 그른가를 판단하며 말하고 행동하는 일 없이 오직 고요하고 담연하게 깨어 있는 일심(一心)의 상태 즉, 욕심과 욕망에 물들기 전의 맑고 밝은 명덕(明德)의 상태를 강조하기 위한 말이 야기(夜氣)다. 어두울 명(冥)에 생각 상(想)을 쓰는 명상(冥想)도 생각이 어두운 즉, 생각이 일어나기 전의 야기(夜氣) 상태로 현존(現存)해 있는 것, 그 이상도 이하도 아님을 알 수 있다.

18-3. 존야기(存夜氣)

故(고) 苟得其養(구득기양) 無物不長(무물불장) 苟失其養(구실기양) 無物不消(무물불소)

그러므로 진실로 길러줌을 얻으면 자라지 않는 것이 없고, 진실로 그 길러줌을 잃는다면 사라지지 않는 것이 없다.

孔子曰(공자왈) 操則存(조즉존) 舍則亡(사즉무) 出入無時(출입무시) 莫知其鄕(막지기향) 惟心之謂與(유심지위여)

공자님께서 말씀하셨다. 잡고 있으면 보존되고, 내버려 두면 사라진다. 들고 남에 때가 없고 그 온 곳을 알지 못하니 오직 마음을 두고 한 말이다.

- 선해 -

생명의 원기인 야기(夜氣)를 진실로 길러줌을 얻으면 자라지 않는 것이 없고, 그 길러줌을 잃는다면 사라지지 않는 것이 없음은 당연하다. 다만 어떻게 야기(夜氣)를 기르고 보존하는가 하는 것이 관건일 뿐이다.

생명의 원기인 야기(夜氣)를 기르고 보존하는 방법은 이미 수차례 언급했듯이 특별할 것이 없다. 습관적인 생각과 말과 행동을 그치고 멈춤으로써 몸과 마음을 안정되게 하고, 더 나아가 마음이 저절로 고요해짐으로써 심신이 편안토록 하면 된다. 바로 대학의 가르침인 지정정안(止定靜安) 수행을 실천궁행하면 된다.

예(禮)가 아닌 것은 보지도, 듣지도, 말하지도, 행하지도 말라는 공자님의 가르침인 비례물시(非禮勿視), 비례물청(非禮勿聽), 비례물언(非禮勿言), 비례물동(非禮勿動)을 실천궁행함으로써 극기복례(克己復禮) 즉, 좋지 않은 온갖 습관에 길들여져 있는 업식의 '나'를 이기고 예(禮)로 돌아가면 된다.

인간의 마음작용 즉, 인간이 할 수 있는 것은 크게 생각과 말과 행동으로 대별할 수 있다. 그리고 겉으로 드러나 보이고 들리는 말과 행동은 생각과 뜻에 따른 2차적 마음작용이다. 생각과 뜻은 과거의 기억 뭉치면서 습관 덩어리인 업식(業識)의 '나'에서 비롯된다. 따라서 생각과 뜻만 붙잡는다면 미쳐 날뛰는 기(氣)가 예(禮)에 어긋나는 말과 행동으로 그 모습을 드러내는 일은 없게 된다.

이 같은 맥락에서 군자가 마땅히 행해야 할 수행법으로 중용(中庸)은 신독(愼獨)을 역설하고 있다. 동서고금의 모든 종교 및 수행의 핵심 골수인 신독(愼獨) 즉, 겉으로 드러나 보이고 들리기 이전 머릿속에 떠오르는 생각을 놓치지 않고 경계함으로써 생명의 원기인 야기(夜氣)를 기르고 보존할 수 있기 때문이다.

우리 백두산족의 전통적 수행법인 지감(止感), 조식(調息), 금촉(禁觸)도 신독(愼獨)과 그 근본에 있어선 전혀 다르지 않다. 뿐만 아니라, 신독(愼獨)을 위한 구체적이고 실제적이면서도 강력한 수행법들로서, 누구나 야기(夜氣)를 기르고 보존할 수 있는 길을 제시하고 있다.

지감(止感)은 과거의 기억과 습관에 뿌리를 둔 생각과 감정 등을 일어나는 순간, 즉시 알아차리는 것이다. 알아차리는 것만으로 그 생각에 끌려감 없이 고요하고 맑고 밝은 본성품인 야기(夜氣)를 기르고 보존할 수 있다. 바로 맹자가 강조한 뜻을 붙잡아 기(氣)가 미쳐 날뛰는 일이 없도록 하는 것과 다르지 않음을 알 수 있다.

조식(調息)은 일어나는 생각과 감정이 거센 까닭에 알아차리긴 했어도, 즉시 그치고 멈출 수 없을 때 호흡을 고름으로써 들뜨고 흐트러진 생각과 감정을 그치고 멈추는 방법이다. 생각과 감정이 들뜨고 흐트러졌다는 것은 기(氣)가 들뜨고 흐트러졌다는 것이고, 기(氣)가 들뜨고 흐트러졌다는 것은 호흡이 들뜨고 흐트러졌다는 것이다.

따라서 호흡을 고름으로써 들뜨고 흐트러진 호흡이 가라앉고 모아지면, 들뜨고 흐트러진 기(氣)가 가라앉고 모아진다. 들뜨고 흐트러진 기(氣)가 가라앉고 모아지면, 들뜨고 흐트러진 생각과 감정이 가라앉고 모아지기 때문에 조식을 통한 지감이 가능한 것이다.

호흡을 고르고, 가다듬는 방법 외에 주문을 소리 내서 외우거나 염불을 하고, 촛불을 켜 놓고 집중하여 응시하는 법 등 모든 수행법들의 본질 또한 들뜨고 흐트러진 생각과 감정을 가라앉히고 모아서 야기(夜氣)를 기르고 보존함으로써 하늘이 명(命)한 내면의 신령스런 본성 품인 명덕(明德)을 밝히고 양심(良心)을 회복하는 것, 그 이상도 이하도 아님을 알 수 있다.

금촉(禁觸)은 생각과 감정을 들뜨고 흐트러지게 만들 여지가 있는 것들을 보고, 듣고, 냄새 맡고, 맛보고, 감촉하고, 의식하는 일을 차단하는 계행(戒行)이다. 마음의 0점 조정 상태를 뒤흔들며 욕심과 욕망을 자극하는 바깥 경계를 눈, 귀, 코, 혀, 몸, 의식 등으로 접촉하는 것을 원천 봉쇄함으로써 야기(夜氣)를 기르고 보존하는 수행이다.

***

外息諸緣(외식제연)

內心無喘(내심무천)

心如墻壁(심여장벽)

可以入道(가이입도)

밖으로는 모든 인연을 쉬고

안으로 마음의 헐떡임 없어

마음이 담벼락과 같게 되면

가히 도(道)에 들 수 있으리

– 달마 대사 –

19. 마음을 보존하고 성을 기르는 것

孟子曰(맹자왈) 盡其心者(진기심자) 知其性也(지기성야)

知其性(지기성) 則知天矣(즉지천의) 存其心(존기심) 養其性(양기성) 所以事天也(소이사천야)

맹자가 말하기를, 마음이 다하면 성(性)을 안다. 성을 알면 곧 하늘을 아는 것이다. 마음을 잘 챙겨서 보존하고 본성품을 기르는 것이 하늘을 섬기는 것이다.

- 선해 -

마음이 다했다는 것은, 매 순간 생각하고 말하고 행동함에 있어서 지극 정성을 다함으로써, 업식의 영향을 받으며 작위적으로 생각하고 말하고 행동하는 '나'도 사라지고, 지극 정성을 다하는 일마저 저절로 쉬어진 상태를 말한다.

업식의 '나'와 함께 인식 대상 경계가 모두 다 사라짐에 따라, 오직 하늘의 성품만이 천지간에 가득한 까닭에 성(性)을 안다는 표현을 쓴

것이다. 성(性)이라는 것을 인식하는 업식의 '나'가 있고, 그 '나'에 의해 인식되는 대상으로서의 성(性)이 따로 있어서 하는 말로 착각하는 일은 없어야 한다.

대학의 가르침인 그치고 멈춤으로써 몸과 마음이 안정되고, 고요해짐으로써 몸과 마음이 편안해진다는 지정정안(止定靜安) 및 중용의 보이지 않고 들리지 않는 생각을 알아차리고 경계하는 신독(愼獨), 그리고 구기방심(求其放心)과 존야기(存夜氣) 등의 수행이 바로 마음을 잘 챙겨서 보존하고 본성품을 기르는 일이다.

인간의 내면에 있는 신령스런 성품인 명덕(明德)은 하늘이 명(命)한 것으로, 천지자연을 운행하는 하늘의 본성품과 전혀 다르지 않다. 이같은 까닭에 마음을 잘 챙김으로써 본심을 보존하는 일이 내면의 본성품을 기르는 일이고, 본성품을 기르는 일이 바로 하늘을 섬기는 일이다.

20. 구하면 얻고 버려두면 잃는다

孟子曰(맹자왈) 求則得之(구즉득지) 舍則失之(사즉실지)
是求(시구) 有益於得也(유익어득야) 求在我者也(구재아자야)

맹자가 말하기를, 구하면 얻고, 버려두면 잃는다. 이 경우의 구함은
얻음에 유익하다. 자기 자신 안에 있는 것을 구하는 까닭이다.

求之有道(구지유도) 得之有命(득지유명)
是求(시구) 無益於得也(무익어득야) 求在外者也(구재외자야)

무엇인가 도라는 것이 있어서 구하고, 명이라는 것이 있어서 얻는
다면, 이 경우의 구함은 얻음에 무익하다. 자기 자신 밖에 있는 것을
구하는 까닭이다.

- 선해 -

인간은 누구나 모두 만물의 영장이다. 모든 인간에게는 천지자연을
운행하는 하늘의 성품 즉, 명덕(明德)이 내재해 있기 때문이다.

모든 인간이 불교의 불성(佛性) 또는 반야지혜, 기독교의 성령의 빛 또는 아버지의 빛 등과 다르지 않은 명덕(明德)을 가지고 있는 신령스런 존재임에도 불구하고, 대학은 밝은 덕인 명덕(明德)을 다시 한번 더 밝히라는 의미에서 명명덕(明明德)을 제1강령으로 제시하고 있다.

태양이 언제나 빛을 발(發)하고 있으면서도 구름에 가려서 그 빛으로 세상을 비추지 못하는 것처럼, 인간의 내면에서 빛나고 있는 명덕(明德) 또한 과거의 좋지 않은 온갖 생각과 습관 덩어리인 업식의 '나'로 얼룩진 채, 본래의 밝은 성품을 발현하지 못하고 있기 때문이다.

이 같은 까닭에 "구하면 얻고, 버려두면 잃는다."라고 말한 뒤, '구함은 얻음에 유익한데, 자기 자신 안에 이미 있는 것을 구하는 것'이기 때문이라고 설명함으로써 구함과 얻음이 곧 하늘이 명한 내면의 성품인 명덕(明德)을 밝히는 일임을 역설하고 있다.

구름이 없다면 이미 세상을 밝게 비추고 있는 태양을 빛나도록 할 필요가 없다. 몸이 아프지 않다면 굳이 약을 먹거나, 담배를 피우지 않는데도 불구하고 담배 끊는 담배를 피워야 할 아무런 까닭이 없다.

하늘이 명한 내면의 성품인 명덕(明德)을 밝히는 양심(養心) 즉, 본래의 타고난 양심(良心)을 키우는 마음 수양 또한 다르지 않다. 무엇인가 도(道)라는 것이 따로 있다고 생각하고 구한다거나, 어딘가에 명(命)이라는 것이 따로 있다고 생각하고 자신의 마음 밖에서 구한다면 결코 명덕(明德)을 밝힐 수 없다. 이 같은 경우의 '구함이 얻음에 무익하다'고 말한 것이다.

결국 내면의 밝은 성품인 명덕(明德)을 밝히는 수행이라는 것은, 마음 밖에 있는 무엇인가를 구하고 얻기 위한 의도를 가지고 작위적으로 행하는 것이 아니라, 시간과 공간이 끊어진 가운데 '닦을 것 없이 닦는 무수지수(無修之修)'임을 알 수 있다.

채찍 그림자만 보고도 말몰이의 뜻을 알아차리고 힘차게 내달리는 영리한 말처럼, 어떠한 수행법에 집착함 없이, '닦음 없이 닦는다'는 이 '한마디'를 듣는 순간 신독(愼獨)이 이뤄짐으로써 몰록 생각을 쉬어 갈 수 있다면 그뿐이다.

고인들께서는 도불속수(道不屬修) 즉, 도는 닦는 데 속하는 것이 아님을 분명히 밝히신 후, "도를 닦아서 체득했다면 닦아서 이룬 것이니 다시 부서져 성문(聲聞)과 같아질 것."이라고 경계하신 것도 동일 맥락의 가르침이다.

그렇다고 해서 "도란 닦을 것도 없고, 수행이란 해서는 안 되는 그 어떤 것."이란 견해를 뒤집어 쓴 채, 닦지도 않고 수행도 하지 않는 다면 결코 명덕(明德)을 밝히는 일은 요원할 수밖에 없다. 이 같은 까닭에 "구하면 얻고, 버려두면 잃는다."라는 말은 지극히 타당하다.

21. 부끄러운 줄 알아야

孟子曰(맹자왈) 人不可以無恥(인불가이무치)
無恥之恥(무치지치) 無恥矣(무치의)

맹자가 말하기를, 사람은 부끄러워하는 마음이 없어서는 안 된다.
부끄러워하는 마음이 없음을 부끄러워하면 부끄러울 일이 없다.

- 선해 -

부끄러움은 무엇이 옳고 그른지 아는 양심에서 발현된다. 머리로만
건조하게 자기 자신의 생각과 말과 행동이 옳지 않다는 사실을 안다
고 해서 모두가 다 부끄러워하는 것은 아니다.

구름에 태양이 가리듯, 금수(禽獸)와 같은 뻔뻔스러움에 양심이 덮
여 있다면, 자신의 잘못을 알기도 어려울뿐더러 알아도 교언영색(巧
言令色)할 뿐, 전혀 부끄러워할 줄 모른다.

이 같은 까닭에 사람은 0점 조정이 잘된 저울 같은 중(中)의 마음으

311

로, 본말시종(本末始終) 및 선후시비(先後是非)등을 정확하게 가릴 수 있어야 한다.

결국 본말시종 선후시비를 잘 가리기 위해 하늘이 명한 내면의 성품인 명덕(明德)을 밝힘으로써, 눈앞의 이득에 눈이 먼 '나'를 이기고 예로 돌아감으로써 마음의 0점 조정을 해 마쳐야 한다.

그래야만 비로소 부끄러운 줄 모름을 부끄러워하게 된다. 그리고 예(禮)가 아니면 보지도, 듣지도, 말하지도, 행하지도 않음으로써 부끄러워할 일이 없게 된다.

나아가 언제, 어느 곳에서나 아는 것은 안다고 하고 모르는 것은 모른다고 하는 한편, 잘못인 줄을 알면서도 그 잘못을 고치지 않는 허물은 절대 짓지 않게 된다.

22. 이름을 드러내기 좋아하는 사람

孟子曰(맹자왈) 好名之人(호명지인) 能讓千乘之國(능양천승지국)
苟非其人(구비기인) 簞食豆羹(단식두갱) 見於色(견어색)

맹자가 말하기를, 이름을 드러내기 좋아하는 사람은 천승의 나라를
사양할 수도 있지만, 그렇게 하는 것이 참으로 그 사람의 본심이 아니
라면, 한 그릇의 밥과 한 그릇의 국에도 내색하게 된다.

- 선해 -

이름을 드러내기 좋아하는 마음이 남아 있다면 소인배다. 이름을
드러내기 좋아하는 '나'를 이기고 예로 돌아가지 못한 까닭이다.

천승의 나라를 사양한다는 것은 일견하기엔 사심 없는 군자의 위대
한 덕행처럼 생각될 수도 있다. 그러나 조금만 밀밀하게 살펴보면, 자
신의 이름을 드러내기 위해 '천승의 나라'보다 '천승의 나라를 사양한
나'에 더 큰 욕심을 부린 것, 그 이상도 이하도 아니다.

자기 자신의 욕심과 욕망을 충족하기 위해 필요한 것이 '천승의 나라를 사양함으로써 얻어지는 허명(虛名)'이였기 때문에 짐짓 그렇게 행동한 것뿐이다. 따라서 '천승의 나라를 취하는 이득'이 '천승의 나라를 사양함으로써 얻어지는 허명'보다 크다고 판단되면, 언제든지 인의(仁義)를 저버리고 천승의 나라를 강탈하기 위한 욕심과 욕망을 불태울 수 있다는 사실을 알 수 있다.

하늘이 명한 성품인 내면의 명덕(明德)을 밝히고, 넘치거나 모자람이 없는 중(中)의 마음으로 천승의 나라를 사양한 군자가 아니라면, 오직 자신의 욕심과 욕망을 충족하기 위한 수단으로 천승의 나라를 사양할 정도의 교활한 소인배라면, 누군가에게 한 그릇의 밥과 한 그릇의 국을 베푸는 일에도 인색하기 쉽다.

자신에게 아무런 이득이 없다고 판단되면, 눈 하나 깜짝하지 않고 굶주린 이웃을 외면하는 짓을 저지르는 것이 소인배들의 특징이다. 그러나 한 그릇의 밥과 국에 욕심을 내는 자신의 본 모습을 감추고, 인(仁)을 베풀 줄 아는 군자다운 면모를 연출하는 것이, 남는 장사라는 판단이 서면, 열 그릇의 밥과 국을 베풀면서 허세를 부리는 것이 소인배들이다.

이 같은 까닭에 부처님께서는 금강경을 통해 응무소주이생기심(應

無所住而生其心) 즉, 마땅히 머무는 바 없이 그 마음을 일으키는, '나' 없음의 무아행(無我行)을 강조하셨다. 예수님은 "왼손이 하는 일을 오른손이 모르게 하라."라고 말씀하셨지만, 더 나아가 왼손이 하는 일을 왼손 자신조차도 모르게 해야 한다. 흐르는 물처럼, 하되 함이 없이 스스로 그러한 순천(順天)만이 극기복례(克己復禮)한 후 지공무사한 마음으로 친민(親民)하는 군자(君子)의 길이기 때문이다.

23. 양지, 양능

孟子曰(맹자왈) 人之所不學而能者(인지소불학이능자) 其良能也(기
양능야) 所不慮而知者(소불려이능자) 其良知也(기양지야)

맹자가 말하기를, 배우지 않고도 능한 바를 양능이라고 하고, 헤아
려 사려하지 않고도 능히 아는 것을 양지라고 한다.

- 선해 -

인간은 누구나 만물의 영장이다. 모든 인간에게는 천지자연을 운행
하는 하늘의 성품 즉, 명덕(明德)이 내재해 있기 때문이다.

명덕은 불교에서 말하는 불성(佛性) 또는 반야지혜, 기독교에서 말
하는 성령의 빛 또는 아버지의 빛 등과도 다르지 않다.

명덕은 신령스런 앎과 대기대용의 권능으로 전지전능하다. 이 같은
까닭에 맹자는 모든 사람에게 배우지 않고도 능한 양능과 헤아려 생
각지 않아도 아는 양지가 있다고 말한 것이다.

24. 시작과 끝, 나아감과 물러남

　孟子曰(맹자왈) 於不可已而已者(어불가이이이자) 無所不已(무소불이) 於所厚者薄(어소후자박) 無所不薄也(무소불박야)

　맹자가 말하기를, 그만두지 말아야 할 데서 그만두는 사람은 그만두지 않는 것이 없고, 후해야 할 때 박하면 박하지 않는 바가 없다.

　其進銳者(기진예자) 其退速(기퇴속)

　나아감이 빠른 사람은 물러남도 신속하다.

　- 선해 -

　그만두지 말아야 할 일을 그만둔다는 것은 바로 시작과 끝을 모른다는 말이다. 시작과 끝을 모른다는 것은 무엇이 본질이고 무엇이 말단인지를 구분하지 못한다는 말이다. 그뿐만 아니라 먼저 할 일과 나중 할 일을 알지 못한다는 말이다.

따라서 그만두지 말아야 할 데서 그만두는 사람은 모든 일을 함에 있어 본말(本末), 시종(始終), 선후(先後)를 모르는 까닭에 후해야 할 데서 박하고, 박해야 할 데서 후할 수밖에 없다는 것은 당연한 말이다.

이 같은 맥락에서 대학은 하늘이 명한 성품인 내면의 명덕(明德)을 밝히고 예(禮)로 돌아간 군자의 삶이 눈앞의 이득만을 좇는 소인배의 삶과 근본적으로 어떻게 다른가에 대해 간단명료하게 설파하고 있다.

"物有本末(물유본말) 事有終始(사유종시) 知所先後(지소선후) 則近道矣(즉근도의)" 즉, 세상 만물에는 본질과 말단이 있고 세상일에는 시작과 끝이 있는데, 먼저 할 바와 나중 할 바를 안다면 곧 도에 가깝다는 가르침이 바로 그것이다.

결국 하늘이 명한 성품인 내면의 명덕(明德)을 밝힘으로써 본말과 시종과 선후를 안다는 것은, 그때그때 상황에 맞게 넘치거나 모자람 없는 중(中)의 마음을 쓴다는 말이다.

중(中)의 마음으로 행하는 모든 일은 절도에 딱 들어맞는 까닭에 나아갈 때가 되면 즉시 나아갈 줄 아는 사람은 물러날 때 또한 정확히 알아서, 물러나야 할 때가 되면 신속하게 물러난다.

언제 어느 곳에서나 '나'를 고집하거나 그 무엇에도 집착하는 일 없이 처한 상황에 따라 걸림 없이 나아가고 물러나는 까닭에 군자(君子)는 불기(不器)며 시중(時中)일 뿐이라는 사실을 알 수 있다.

25. 욕심과 욕망은 적게

孟子曰(맹자왈) 養心(양심) 莫善於寡欲(막선어과욕)
其爲人也寡欲(기위인야과욕) 雖有不存焉者(수유불존언자) 寡矣(과의)
其爲人也多欲(기위인야다욕) 雖有存焉者(수유존언자) 寡矣(과의)

맹자가 말하기를, 마음을 수양하는 데 있어서 욕심과 욕망을 적게
하는 것보다 더 좋은 것은 없다. 사람됨이 욕심과 욕망이 적으면 비록
본마음을 보존하지 못할지라도 잃는 정도가 적다. 사람됨이 욕심과
욕망이 많으면 비록 본심을 보존할지라도 보존하는 정도가 적다.

- 선해 -

양심(養心) 즉, 마음을 기른다는 것은 없던 마음이 생겨나서 더욱더
커지게 하는 것이 아니다. 태양을 가리고 있는 구름을 걷어 내듯이,
하늘이 명(命)한 내면의 본성품인 명덕(明德)을 밝히는 것일 뿐이다.

과거의 온갖 경험들, 특히 아주 좋았거나 나빴던 기억들이 가득 저
장돼 있는 '기억뭉치 내지 습관 덩어리'인 '업식의 나'를 이기고 예로

돌아가는 극기복례(克己復禮)가 곧 마음을 기르는 양심(養心)이다.

　대학은 양심(養心)을 위한 최선의 방법으로 '그치고 멈춤으로써 안정을 되찾고, 고요해짐으로써 편안해지는 지정정안(止定靜安)'을 제시한다. 중용은 희로애락이 일어나기 이전의, 지나치거나 모자람이 없는 중(中)의 마음으로 돌아가기 위한 신독(愼獨)을 강조한다.

　공자님께서 말씀하신 '예가 아니면 보지도, 듣지도, 말하지도, 행하지도 말라는 비례물시(非禮勿視), 비례물청(非禮勿聽), 비례물언(非禮勿言), 비례물동(非禮勿動)' 또한 양심(養心)을 위해 욕심과 욕망을 적게 하는 것과 동일한 맥락의 가르침이다.

　욕심과 욕망이 적으면 적을수록 하늘의 성품인 내면의 명덕(明德)이 인의예지(仁義禮智) 사단으로써 빛나고 있는 것이고, 욕심과 욕망이 많으면 많을수록 하늘의 성품인 내면의 명덕(明德)이 희로애락애오욕(喜怒哀樂愛惡欲) 칠정으로 그 빛을 잃고 어두운 것이다.

　따라서 욕심과 욕망이 적으면 이미 내면의 명덕(明德)이 그 빛을 보존하지 못함이 적고, 욕심과 욕망이 많으면 내면의 명덕(明德)이 이미 그 빛을 보존함이 적다는 말은 재론할 필요가 없을 만큼 지극히 당연하다.

유학의 첫 관문은 내면의 밝은 덕을 밝히는 명명덕(明明德)이다. 명덕은 바로 모든 사람에게 내재해 있는 하늘의 뜻이자 하늘의 생명이다. 하늘이 명한 신령스런 성품이고, 희로애락이 발(發)하기 전 중(中)의 마음으로 이는 곧 천하의 근본이다.

그러나 명덕(明德)을 밝힌다고 해서 하늘을 날거나 이슬만 먹고사는 일은 결코 생겨나지 않는다. 세상 만물의 본질과 말단, 일의 시작과 끝 등에 따라 먼저 할 바와 나중 할 바를 알아 차서에 맞는 순천(順天)의 삶을 살 뿐이다. 하늘의 뜻이고 하늘의 생명인 중(中)의 마음은 천지자연을 운행하는 도(道)로 발현된다. 이 같은 까닭에 발(發)해지면 모두 절도에 맞아 천지를 조화롭게 하고 만물을 생장발육한다.

공자님께서는 명덕을 밝히고 중(中)의 마음을 회복하는 것을 극기복례(克己復禮) 즉, 눈앞의 이득을 좇는 나를 이기고 예로 돌아간다는 한마디의 말로 압축해 표현하셨다. 사사로운 나를 이기고 예로 돌아가는 즉시 무아(毋我) 즉, '나 없음'으로 만백성과 함께하게 된다. 이렇게 친민(親民)을 실천궁행하는 사람이 바로 군자(君子)다.

지공무사해야 할 군자가 갖춰야 할 기본 덕목인 '나 없음'의 무아(毋我)란 꼭 이래야만 하고, 저래선 절대 안 된다는 그 어떤 주의−주장과 프레임을 고집함이 없음을 의미한다. 이 같은 맥락에서 공자님은, 군자는 어떠한 정형화된 틀도 가지고 있지 않다는 점에 초점을 맞춰 군자불기(君子不器)란 말씀을 하셨다. 공자님께서 네 가지를 단호하게 끊어냄으로써, 무의(毋意), 무필(毋必), 무고(毋固), 무아(毋我)의 경지에서 노니셨다는 것만으로도, 군자불기의 의미는 더욱더 명료해진다.

결국 유학의 궁극은 명덕을 밝히고, 지나치거나 모자람이 없는 중(中)의 마음을 회복하여, 극기복례(克己復禮)함으로써 지공무사한 무아(毋我)의 군자(君子)가 되는 일이다. 그리고 군자의 사명은 인의예지(仁義禮智) 사단을 실천하며 만백성과 하나 되는 친민(親民)을 통해, 모두가 살기 좋은 지상낙원인 대동사회(大同社會)를 건설하는 것, 오직 그 하나뿐임을 알 수 있다.

***

**大道之行也(대도지행야) 天下爲公(천하위공) 選賢與能(선현여능) 講
信脩睦(강신수목)**

대도가 행해지니 천하가 지공무사해지고, 백성들은 서로가 서로의
어질고 뛰어남을 선택해 배우고, 그 배운 바를 믿고 수행하니 화목하
다.

故(고) 人(인) 不獨親其親(부독친기친) 不獨子其子(부독자기자)

이 같은 까닭에 사람들은 친부모만을 부모로 여기지 않고, 친자식
만을 자식으로 여기지 않는다.

使老有所終(사노유소종) 壯有所用(장유소용) 幼有所長(유유소장)

노인들은 타고난 수명을 다 누리고, 장정들은 자신의 재능을 마음
껏 펼치며 사회에 이바지하고, 어린이들은 바르게 잘 자란다.

**矜寡孤獨廢疾者(긍과고독폐질자) 皆有所養(개유소양) 男有分(남유
분) 女有歸(여유귀)**

불쌍한 과부와 고아, 돌봐 주는 사람이 없는 중병자들이 모두 보호
요양되며, 남자들은 직분이 있고, 여자들은 가정이 있다.

貨惡其棄於地也(화오기기어지야) 不必藏於己(불필장어기) 力惡其不出於身也(력오기불출어신야) 不必爲己(불필위기)

재화가 함부로 땅에 버려짐을 꺼려 하지만, 자신만을 위해 그 돈을 쌓아 두는 일은 없다. 자기 자신에게서 나온 힘이 아니라면 꺼려 하지만, 자신의 힘이라고 해서 자신만을 위해 쓰지 않는다.

是故(시고) 謀閉而不興(모폐이불흥) 盜竊亂賊而不作(도절란적이부작) 故(고) 外戶而不閉(외호이불폐) 是謂大同(시위대동)

이와 같은 까닭에 모반은 다 막히고 일어나지 않으며, 강도와 절도 등 어지러운 도적들이 날뛰는 일이 없기에 대문을 닫지 않으니 이러한 세상이 바로 대동사회다.

– 예기(禮記) 예운 –

최상근기를 위한
사서삼경 선해(禪解)

ⓒ 청원 무이, 2022

초판 1쇄 발행 2022년 3월 3일

지은이   청원 무이
펴낸이   이기봉
편집   좋은땅 편집팀
펴낸곳   도서출판 좋은땅
주소   서울특별시 마포구 양화로12길 26 지월드빌딩 (서교동 395-7)
전화   02)374-8616~7
팩스   02)374-8614
이메일   gworldbook@naver.com
홈페이지   www.g-world.co.kr

ISBN   979-11-388-0708-1 (03190)